핵심이론과 함께하는

파이널 패스 100선

박문각 공인중개사
양진영 부동산공시법령

브랜드만족
1위
박문각

근거자료
별면표기

2024

이 책의 차례

PART 01 부동산등기법 · · · · 4

PART 02 지적법 · · · · 48

복습문제 · · · · 94

정답 · · · · 166

부동산등기법

부동산등기법

테마 01 | 총설

등기기록	* 집합(구분)건물 등기기록 　조직 : 1동의 건물에 속하는 <u>전부</u>에 대하여 1등기기록 사용 　　　　　(= 1동 건물의 표제부와 개개의 구분건물의 등기기록을 <u>전부</u> 합쳐) 　공개 : 1동 건물의 표제부와 해당 전유부분의 등기기록만을 1등기기록 * <u>신탁원부, 공동담보목록, 도면, 매매목록</u> 　㉠ 등기기록의 일부로 보며, 그 기재는 등기부의 기재로 본다. 　㉡ 다만, 열람이나 증명서 신청시 **그 사항의 증명도 함께 신청하는 뜻의** 　　**표시가 있는 경우에만** 등기사항증명서에 이를 포함하여 발급하거나 열 　　람할 수 있다. (당연히 공개되는 것이 아님) * 폐쇄등기부 : 영구보존. 열람이나 등기사항증명서발급은 가능하나, 새로운 　내용을 기록하거나 고칠 수는 없다. * 등기부/등기부의 부속서류 : 전쟁·천재지변이 아니면 보관장소 밖으로 옮 　길 수 없다. * 신청서 기타 부속서류 : 법원의 명령 또는 촉탁(囑託)이 있거나 법관이 발 　부한 영장에 의하여 압수하는 경우 보관장소 밖으로 옮길 수 있다.
접수와 효력	(1) 등기관이 등기를 마친 경우 그 등기는 <u>접수한 때부터</u> 효력을 발생한다. (2) 방문신청, 전자 신청 모두 등기신청정보가 전산정보처리조직에 저장된 때 　 접수된 것으로 본다.
등기소	등기신청 : 반드시 관할 등기소에 신청 – 위반한 등기는 절대무효/직권말소 기타 신청(공개신청, 사용자등록신청 등) : 관할과 무관

01 등기에 관한 설명으로 옳은 것을 모두 고른 것은?

> ㉠ 1동 건물의 표제부와 규약상 공용부분의 등기기록은 표제부만 둔다.
> ㉡ 1동의 건물을 구분한 건물의 경우, 1동의 건물에 속하는 전부에 대하여 1개의 등기기록을 둔다.
> ㉢ 구분건물에 대한 등기사항증명서의 발급에 관하여는 1동의 건물의 표제부와 해당 전유부분에 관한 등기기록을 1개의 등기기록으로 본다.
> ㉣ 등기신청은 반드시 관할 등기소에 하여야 하며, 관할을 위반한 등기는 실행되더라도 절대무효이다.
> ㉤ 등기사항증명서 발급이나 열람 신청시 공동담보목록은 그 신청이 있는 경우에만 등기사항증명서에 포함하여 발급하거나 열람한다.
> ㉥ 폐쇄등기부도 등기사항증명서의 발급이나 열람을 할 수 있으며 잘못된 내용은 변경하거나 경정할 수 있다.

① ㉠㉡㉢   ② ㉣㉤㉥   ③ ㉠㉡㉢㉤
④ ㉠㉡㉢㉤㉥   ⑤ ㉠㉡㉢㉣㉤

해설 ㉥ 폐쇄등기부는 공개는 되지만, 내용을 새로 기재하거나 바꿀 수는 없다.

정답 ⑤

테마 02 등기의 효력

권리 순위	① 같은 부동산에 관하여 등기한 권리의 순위는 법률에 다른 규정이 없으면 등기한 순서에 따른다. ② 등기의 순서는 등기기록 중 같은 구(區)에서 한 등기 상호간에는 순위번호에 따르고, 다른 구에서 한 등기 상호간에는 접수번호에 따른다. ③ 부기등기(附記登記)의 순위는 주등기(主登記)의 순위에 따른다. 다만, 같은 주등기에 관한 부기등기 상호간의 순위는 그 등기 순서에 따른다. ④ 대지권에 대한 등기로서의 효력이 있는 등기와 대지권의 목적인 토지의 등기기록 중 해당 구에 한 등기의 순서는 접수번호에 따른다.
추정력	① 등기된 권리, 등기원인, 적법절차를 추정하므로 표제부에는 인정 X ② 추정받는 자는 입증책임 면제 / 상대방이 입증책임을 진다. ③ 반증이 나오면 추정력은 깨짐. ④ 소유권이전등기가 되면 직전 소유자도 현 소유자의 권리 추정해야 함. ⑤ 보존등기도 추정력은 있으나 전 소유자가 양도사실을 부인하면 추정 깨짐. ⑥ 저당권은 물론 피담보채권의 존재도 추정됨. ⑦ 사망자나 허무인의 등기는 추정력이 없음.

02 등기에 관한 다음 내용 중 틀린 것은?

① 매매를 원인으로 하는 소유권이전등기가 마쳐지면 그 때부터 부동산에 대한 소유권을 취득한다.

② '대지권에 대한 등기로서 효력이 있는 등기'와 '대지권의 목적인 토지의 등기기록 중 해당 구에 한 등기'의 순서는 접수번호에 따른다.

③ 같은 주등기에 관한 부기등기 상호간의 순위는 그 등기 순서에 따른다.

④ 가등기를 한 후 본등기의 신청이 있을 때에는 가등기의 순위번호를 사용하여 본등기를 하여야 한다.

⑤ 등기의 순서는 등기기록 중 같은 구(區)에서 한 등기 상호간에는 순위번호에 따르고, 다른 구에서 한 등기 상호간에는 접수번호에 따른다.

해설 ① 부동산등기법 제6조 제2항: 등기관이 등기를 마친 경우 그 등기는 접수한 때부터 효력을 발생한다.

정답 ①

03 등기의 효력에 관한 다음 내용 중 틀린 것은?

① 소유권이전등기가 경료되어 있는 경우, 그 등기의 명의자는 그 전(前)소유자에 대해서도 적법한 등기원인에 의하여 소유권을 취득한 것으로 추정된다.

② 등기된 권리만이 아니라 등기원인에 대하여도 적법성이 추정된다.

③ 저당권설정등기가 있으면 저당권의 존재는 물론 피담보채권의 존재까지도 추정된다.

④ 소유권보존등기도 추정력이 있으므로 직전권리자가 양도사실을 부인하여도 보존등기의 추정력은 인정된다.

⑤ 사망자나 허무인 명의의 등기는 추정력이 인정되지 않는다.

해설 ④ 소유권보존등기도 추정력이 있으나 직전권리자가 양도사실을 부인하면 원시취득이 아닌 게 되므로 보존등기의 추정력은 깨진다.

정답 ④

테마 03 등기신청의 당사자능력(= 등기신청적격)

인정	① **자연인** 　㉠ 외국인도 가능　　㉡ 영·유아도 가능 ② **법인** 　㉠ 공(公)법인(국가, 지방자치단체) 가능　　㉡ 사(私)법인 가능 ③ **법인 아닌 사단이나 재단** 　문중이나 종중 등
부정	① **태아** ② **학교** : 설립주체의 명의로 등기. ③ **민법상 조합** : 조합원 전원의 명의로 '합유'등기를 한다. 　　　　　　　　　합유지분은 기재하지 않고 합유라는 뜻을 기록 ④ **읍·면·동·리** : 단, 동·리가 법인 아닌 사단의 실체를 가지면 가능.

04 부동산등기법상 다음 중 등기의 당사자능력이 인정되는 것을 모두 고른 것은?

> ㉠ 외국인 ㉡ 영·유아
> ㉢ 태아 ㉣ 국가
> ㉤ 지방자치단체 ㉥ 법인 아닌 사단
> ㉦ 법인 아닌 재단 ㉧ 사립대학
> ㉨ 행정조직인 읍·면 ㉩ 법인 아닌 사단의 실질을 갖춘 동·리
> ㉪ 민법상 조합

① ㉠㉣㉥㉧
② ㉣㉤㉥㉧㉪
③ ㉠㉡㉣㉤㉥㉨
④ ㉠㉡㉢㉣㉥㉦㉧
⑤ ㉠㉡㉣㉤㉥㉦㉩

해설 ㉢ 태아, ㉧ 학교, ㉪ 민법상 조합 그리고 ㉨ 읍·면·동·리는 등기신청적격이 인정되지 아니한다. 다만, 동·리가 ㉩ 법인 아닌 사단의 실질을 갖추면 등기의 당사자능력이 인정된다.

정답 ⑤

테마 04) 등기권리자와 등기의무자

공동 신청	등기권리자 : 등기가 되면 <u>등기기록상 유리해지는 자</u> 등기의무자 : 등기가 되면 <u>등기기록상 불리해지는 자</u>

구분	① 근저당권 채권최고액 증액
	   ㉠ 등기권리자 - 근저당권자
	   ㉡ 등기의무자 - 근저당권 설정자
	② 甲-乙-丙 순차매매시 丙이 乙을 대위하여 甲으로부터 乙로의
	   소/이전등기 대위신청
	   ㉠ 등기권리자 - 乙 (피대위 채무자)
	   ㉡ 등기신청인 - 丙 (대위 채권자)
	③ 甲이 乙에게 저당권등기 후 丙에게 소유권이전이 되고 乙의
	   저당권등기 말소
	   ㉠ 등기권리자 - 甲 (저당권설정당시의 소유자/채권적청구권) 또는
	                     丙 (현재 소유자=제3취득자/물권적청구권)
	   ㉡ 등기의무자 - 乙
	④ 甲이 소유자일 때 乙의 등기가 <u>말소</u>되고 丙으로의 소유권이전등기 후
	   乙의 등기를 말소<u>회복</u>하려고 할 때
	   ㉠ 등기권리자 - 乙
	   ㉡ 등기의무자 - 甲 (말소당시의 소유자) = 그때 그 사람
	⑤ 甲이 소유자일 때 乙로의 소유권이전청구권가등기가 되고, 丙으로의
	   소유권 이전등기 후 乙로의 소유권이전의 본등기를 하려고 할 때
	   ㉠ 등기권리자 - 乙
	   ㉡ 등기의무자 - 甲 (가등기당시의 소유자) = 그때 그 사람

05 절차법상 등기권리자와 등기의무자를 옳게 설명한 것을 모두 고른 것은? <small>제31회</small>

> ㉠ 甲 소유로 등기된 토지에 설정된 乙 명의의 근저당권을 丙에게 이전하는 등기를 신청하는 경우, 등기의무자는 乙이다.
>
> ㉡ 甲에서 乙로, 乙에서 丙으로 순차로 소유권이전등기가 이루어졌으나 乙 명의의 등기가 원인무효임을 이유로 甲이 丙을 상대로 丙 명의의 등기 말소를 명하는 확정판결을 얻은 경우, 그 판결에 따른 등기에 있어서 등기권리자는 甲이다.
>
> ㉢ 채무자 甲에서 乙로 소유권이전등기가 이루어졌으나 甲의 채권자 丙이 등기원인이 사해행위임을 이유로 그 소유권이전등기의 말소판결을 받은 경우, 그 판결에 따른 등기에 있어서 등기권리자는 甲이다.

① ㉡
② ㉢
③ ㉠, ㉡
④ ㉠, ㉢
⑤ ㉡, ㉢

해설 ㉡ 등기권리자와 등기의무자는 등기가 되는 것을 전제로 등기기록을 보고 판단한다. 丙 명의의 등기 말소는 판결을 받은 甲이 단독신청하나, 丙 명의의 등기 말소로 인해 등기부상 소유권자가 되는 것은 직전권리자인 乙이므로 등기권리자는 乙이다.

정답 ④

06 절차법상 등기권리자와 등기의무자를 옳게 설명한 것은?

① 근저당권의 채권최고액을 증액하는 변경등기를 신청할 때의 등기권리자는 근저당권설정자이다.

② 甲 - 乙 - 丙 순으로 순차 매매계약이 된 상태에서 甲에서 乙로의 소유권이전등기를 丙이 신청했을 때 등기권리자는 丙이다.

③ 甲이 乙에게 소유권 이전의 가등기를 한 후 소유권이 丙에게 이전되었을 때, 乙이 가등기에 의한 소유권 이전의 본등기를 신청할 때는 丙이 등기의무자이다.

④ 甲이 乙에게 저당권설정등기를 한 후 소유권이 丙에게 이전되었을 때, 피담보채권의 소멸로 저당권의 말소등기를 신청할 때는 甲 또는 丙이 등기권리자이다.

⑤ 甲이 소유권자일 때 乙의 저당권이 불법말소되고 소유권이 丙으로 이전되었을 때, 乙의 저당권말소회복등기를 신청할 때는 甲 또는 丙이 등기의무자이다.

해설 ① 금액이 증액되면 등기부상 권리자가 등기권리자가 된다.
② 채권자대위신청에서는 채권자 丙이 등기신청인이고 등기권리자는 채무자 乙이다.
③ 가등기에 의한 본등기를 할 때 소유권이전이 있으면 '그때 그 사람'이 등기의무자이다.
⑤ 말소회복등기를 할 때 소유권이전이 있으면 '그때 그 사람'이 등기의무자이다.

정답 ④

테마 05 단독신청의 특례

단독신청 특례	① 판결 : <u>이행판결(인수판결)</u> − 승소한 자만 가능.
	(승소한 등기의무자는 등기필정보 제공)
	형성판결 중 <u>공/분판결</u> − 승소한 자와 패소한 자 모두 가능
	② <u>수</u>용 − 보존등기, 이전등기 (관공서는 촉탁)
	③ <u>보존</u>등기 + 보존등기의 말소등기
	④ <u>상</u>속등기 + 합병으로 인한 이전등기. 단, 유증은 공동신청
	⑤ 등기명의인<u>표</u>시의 변경이나 경정등기
	⑥ 부동산<u>표</u>시의 변경이나 경정등기
	⑦ <u>신</u>탁등기 + 신탁등기의 말소등기
	(수탁자 단독신청. 위탁자나 수익자가 대위하여 단독신청 가능)
	⑧ <u>혼</u>동으로 인한 말소등기
	⑨ <u>가</u>등기가처분명령 → 가등기권리자가 가등기를 단독신청
	⑩ 가등기의 말소등기 → 가등기명의인 or 가등기의무자 or 제3자
	(가등기의무자 or 제3자는 가등기명의인의 승낙서 첨부)
	⑪ 말소등기에서 상대방(등/의) <u>소재불명</u> → 공시최고 + <u>제권판결</u> 받아 단/신
	＊ (공유)<u>지분포기</u>로 인한 지분이전등기 = 공동신청
	＊ <u>재결실효</u>로 인한 소유권이전등기의 말소등기 = 공동신청

07 단독으로 신청할 수 있는 등기는 모두 몇 개인가? (단, 판결에 의한 신청은 제외)

> ㉠ 지상권자가 그 부동산의 소유권을 취득한 경우에 하는 지상권의 말소등기
> ㉡ 전세금을 증액하는 전세권의 변경등기
> ㉢ 가등기가처분명령을 받아 가등기권리자가 신청하는 가등기
> ㉣ 포괄유증으로 인한 소유권이전등기
> ㉤ 신탁등기의 말소등기
> ㉥ 소유권보존등기의 말소등기
> ㉦ 수용을 원인으로 하는 소유권이전등기(관공서가 수용하는 경우는 제외)
> ㉧ 공유자의 지분포기로 인한 공유지분의 이전등기

① 4개   ② 5개
③ 6개   ④ 7개
⑤ 8개

해설 단독신청 : ㉠ 혼동, ㉢ 가등기가처분, ㉤ 신탁등기와 신탁등기의 말소등기, ㉥ 소유권
보존등기와 소유권보존등기의 말소등기, ㉦ 수용

정답 ②

08 판결에 의한 등기신청에 관한 다음 내용 중 틀린 것은?

① 공유물분할판결이 있으면 등기없이도 판결에 따른 소유권이 취득된다.
② 이행판결에 의해 승소한 등기권리자가 단독신청하지 않더라도 패소한 등기의무
자가 단독신청할 수 없다.
③ 이행판결이나 인수를 명하는 판결이 있으면 승소한 등기권리자나 등기의무자가
단독신청할 수 있다.
④ 공유물분할판결이 있으면 승소한 자나 패소한 자가 모두 단독으로 공유물분할을
원인으로 한 지분이전등기를 신청할 수 있다.
⑤ 승소한 등기의무자가 단독신청하는 경우에는 등기필정보를 제공할 필요가 없다.

해설 ⑤ 등기필정보는 등기신청인 중 '등기의무자'가 제공한다. 등기의무자가 있는 신청이라
면 등기필정보를 제공하여야 한다. 예 공동신청, 승소한 등기의무자의 단독신청

정답 ⑤

테마 06	**제3자신청 특례**

제3자의 신청	① 포괄승계인에 의한 신청(매매계약 후 등기하기 전 사망한 경우) 　㉠ **공동신청** : 상속인과 상대방 　㉡ **상속등기 X** = 중간생략등기 허용 　㉢ 신청정보의 등기의무자와 등기기록의 등기명의인이 일치하지 않으나 <u>각하 X</u> ② 채권자대위신청 　㉠ 채무자에게 손해되는 등기(채무자가 등기의무자로 신청할 등기)는 대위 X 　㉡ 대위의 대위 가능 　㉢ 채권자가 받은 판결로 채무자도 단독신청 가능 　㉣ <u>등기필정보는 작성·통지 X</u> 　㉤ <u>채권자와 채무자에게 등기완료통지</u>를 한다. ③ 건물소유자와 건물대지 소유자가 다른 경우에 건물 멸실시 건물소유자가 1월 내 멸실등기를 신청하지 않으면 건물대지 소유자가 대위신청 ④ 신탁등기나 신탁등기의 말소등기는 수탁자가 단독신청하지 않으면 위탁자나 수익자가 대위신청 ⑤ 1동 건물의 <u>일부</u> 구분건물에만 <u>보존</u>등기를 신청하는 경우에 다른 구분건물의 <u>표시</u>에 관한 등기를 <u>동시</u> 신청 + 다른 구분건물의 소유자를 <u>대위</u> ⑥ 구분건물로서 그 <u>대지권의 변경이나 소멸</u>이 있는 경우에는 구분건물의 소유권의 등기명의인은 1동의 건물에 속하는 다른 구분건물의 소유권의 등기명의인을 <u>대위</u>하여 그 등기를 신청할 수 있다.
대리 신청	① 전자신청의 대리는 자격자대리인만 가능 ② 전자신청하는 자격자대리인은 사용자등록을 하여야 한다. ③ 무권대리인에 의한 등기는 (실체관계와 부합하면) 유효 ④ 등기신청의 대리는 <u>자기계약 / 쌍방대리 가능</u>

09 등기신청에 관한 다음의 내용 중 틀린 것은?

① 상속이나 법인의 합병, 포괄유증 등 포괄승계에 따른 등기는 등기권리자가 단독으로 신청한다.

② 일부 구분건물의 보존등기를 먼저 신청하는 사람은 다른 구분건물의 표시등기를 동시에 신청하여야 한다.

③ '甲'이 생전에 특정인에게 부동산을 증여한 후 그 소유권이전등기를 하지 아니하고 사망한 경우 상속인들은 수증자와 공동으로 '甲' 명의로부터 직접 수증자 명의로 소유권이전등기를 할 수 있다.

④ 가등기를 마친 후에 가등기의무자가 사망한 경우, 가등기의무자의 상속인은 상속등기를 할 필요가 없이 가등기권리자와 공동으로 본등기를 신청할 수 있다.

⑤ 멸실된 건물의 소유자인 등기명의인이 멸실 후 1개월 이내에 그 건물의 멸실등기를 신청하지 않는 경우, 그 건물대지의 소유자가 대위하여 멸실등기를 신청할 수 있다.

> **해설** ① 상속이나 법인의 합병은 단독신청, 유증은 포괄유증과 특정유증 모두 공동신청
>
> 정답 ①

10 등기신청에 관한 다음 내용 중 틀린 것은?

① 대지권의 변경이나 소멸이 있는 경우에는 구분건물의 소유권의 등기명의인은 1동의 건물에 속하는 다른 구분건물의 소유권의 등기명의인을 대위하여 그 등기를 신청할 수 있다.

② 방문신청의 대리는 일반인도 할 수 있으나 전자신청의 대리는 자격자대리인만 할 수 있다.

③ 자격자대리인도 전자신청의 대리를 하기 위해서는 미리 사용자등록을 하여야 한다.

④ 등기신청은 자기계약 또는 쌍방대리로 할 수 있다.

⑤ 법인 아닌 사단의 등기는 그 대표자나 관리인이 그의 명의로 등기를 신청한다.

> **해설** ⑤ 법인 아닌 사단의 등기는 그 대표자나 관리인이 법인 아닌 사단이나 재단의 명의로 신청한다.
>
> 정답 ⑤

테마 07) 등기권리자의 첨부정보

주소증명 정보	등기권리자의 것 제출. 단, 소유권이전등기의 경우에는 등기의무자의 것도 제출
주민등록 번호 증명정보	등기권리자의 것 제출 ✽ 부동산등기용 등록번호 부여 ① 국가, 지자체, 국제기관, 외국정부 - 국토교통부장관 ② 주민번호 없는 재외국민 - 대법원소재지 관할 등기소의 등기관 ③ 법인(외국법인 포함) - 주된 사무소 소재지(외국법인은 국내에 최초 설치 등기한 영업소나 사무소 소재지)관할 등기소의 등기관 ④ 비법인 사단이나 재단(국내에 영업소나 사무소 설치등기 하지 않은 외국 법인 포함) - 시장 · 군수 · 구청장 ⑤ 외국인 - 체류지 관할하는 지방출입국 · 외국인관서의 장 국내에 체류지 없는 경우 대법원소재지 체류하는 것으로 본다.

11 다음 내용 중 틀린 것은?

① 주소증명정보를 제공하여야 하는 자는 등기권리자이지만, 소유권이전등기를 신청하는 경우에는 등기의무자의 주소증명정보도 제공하여야 한다.

② 주민등록번호증명정보는 등기권리자의 것을 제공하여야 한다.

③ 외국인의 부동산등기용 등록번호는 체류지를 관할하는 지방출입국·외국인관서의 장이 부여한다.

④ 국내에 영업소나 사무소 설치등기 하지 않은 외국법인의 부동산등기용 등록번호는 주된 사무소 소재지를 관할하는 등기소의 등기관이 부여한다.

⑤ 주민등록번호가 없는 재외국민의 등록번호는 대법원 소재지 관할 등기소의 등기관이 부여한다.

해설 ④ 법인이나 외국법인의 부동산등기용 등록번호는 주된 사무소 소재지를 관할하는 등기소의 등기관이 부여한다. 단, 국내에 영업소나 사무소 설치등기를 하지 않은 외국법인은 비법인 사단이나 재단과 동일하게 시장, 군수, 구청장이 부여한다.

정답 ④

테마 08   등기의무자의 등기필정보

작성 제공	* 등기필정보 제공 : 등기의무자(가 있는 신청) = 공동신청 또는 　승소한 등기의무자의 신청 * 작성 및 통지 : 등기관이 새로운 권리에 관한 등기를 마쳤을 때에는 　등기필정보를 작성하여 <u>등기권리자에게 통지</u>하여야 한다. 　(= 등기명의인이 된 신청인에게 통지)
대용서면	등기필정보는 절대로 재교부되지 않으므로 등기의무자등이 ① 등기관으로부터 확인받거나 　　　　　　　② 등기신청대리인인 변호사 법무사로부터 확인받거나 　　　　　　　③ 그 작성부분에 공증을 받으면 된다.
등기필정보를 작성(통지) 하지 않는 경우	① 채권자가 등기권리자를 <u>대</u>위하여 신청한 경우 ② <u>승</u>소한 등기의무자가 신청한 경우 ③ <u>직</u>권으로 소유권보존등기를 한 경우 ④ 국가 또는 지방자치단체(<u>관</u>공서)가 등기권리자인 경우 ⑤ 등기권리자가 등기필정보의 통지를 원하지 아니하거나 3개월 이내에 　수령 또는 수신하지 않은 경우
등기완료통지	① 신청인 ② <u>대</u>위자의 등기신청에서 피대위자 ③ <u>승</u>소한 등기의무자의 등기신청에 있어서 등기권리자 ④ <u>직</u>권 소유권보존등기에서 등기명의인 ⑤ <u>관</u>공서가 촉탁하는 등기에서 관공서 ⑥ 등기필정보가 없는 등기신청에서 등기의무자

12 등기필정보에 관한 다음 내용 중 **틀린** 것은?

① 등기관은 등기를 마치면 등기필정보를 등기권리자에게 통지한다.

② 등기필정보는 분실하거나 멸실된 경우에도 절대로 재교부되지 않는다.

③ 채권자가 등기권리자를 대위하여 신청한 경우 등기관은 등기필정보를 작성하지 아니하고 대위자인 채권자와 피대위자인 채무자에게 등기완료의 통지를 한다.

④ 국가나 지방자치단체가 등기권리자인 경우, 등기관은 등기필정보를 작성·통지하지 않는다.

⑤ 승소한 등기의무자가 단독으로 권리에 관한 등기를 신청하는 경우, 그의 등기필정보를 등기소에 제공해야 하며, 이때는 등기권리자에게 등기필정보를 작성하여 통지하여야 한다.

해설 ⑤ 승소한 등기의무자가 단독으로 신청할 때 등기의무자의 등기필정보를 등기소에 제공하는 것은 옳다. 그러나 등기권리자가 등기신청하지 않았으므로 등기필정보를 작성·통지하지 않는다. 대/승/직/관의 경우에는 등기필정보를 작성·통지하지 아니한다.

정답 ⑤

테마 09 법인 아닌 사단이나 재단

개념	㉠ 법인 아닌 사단이나 재단(＝ 본인)의 명의로 대표자나 관리인(＝ 대리인)이 등기신청.
	㉡ 법인 아닌 사단이나 재단의 대표자나 관리인은 등기사항이므로 등기권리자로 등기신청할 때에는 대표자나 관리인의 주소·주민번호 증명정보 제출.
	㉢ 법인 아닌 사단이 등기의무자인 경우에는 사원총회결의서 제출.
	㉣ 법인 아닌 사단이나 재단은 방문신청은 가능하나 전자신청은 불가능.
	㉤ 부동산등기용등록번호는 시·군·구청장이 부여.

13 법인 아닌 사단이나 재단의 등기에 관한 다음 내용 중 틀린 것은?

① 법인 아닌 사단이나 재단은 대표자나 관리인이 그의 명의로 등기를 신청한다.

② 법인 아닌 사단이 등기의무자인 경우, 사원총회결의가 있었음을 증명하는 정보를 첨부정보로 제공하여야 한다.

③ 대표자의 주소 및 주민등록번호를 증명하는 정보를 첨부정보로 제공하여야 한다.

④ 법인 아닌 사단이나 재단이 직접 전자신청을 할 수는 없다.

⑤ 법인 아닌 사단이나 재단의 부동산등기용 등록번호는 시장·군수·구청장이 부여한다.

해설 ① 대리인(= 대표자나 관리인)은 본인(= 법인 아닌 사단이나 재단)의 명의로 등기를 신청하여야 한다.

정답 ①

테마 10] 등기신청의 각하

절대무효 직권말소	① 유치권, 점유권, 분묘기지권, 특수지역권, 주위토지통행권 등기의 신청 ② 등기된 부동산에 보존등기를 신청한 경우(1부동산 1등기기록 위반) ③ 가등기권리자 중 일부가 전원명의의 본등기 신청 ④ 포괄수증자 중 일부가 전원명의의 이전등기 신청 ⑤ 공동상속인 중 일부가 자기 상속분의 상속등기신청 ⑥ 공유자 중 일부가 자기 지분의 보존등기신청 + 부동산 일부의 보존등기 신청 ⑦ 구분건물의 전유부분과 대지사용권의 분리처분금지에 위반한 신청 ⑧ 저당권을 피담보채권과 분리 양도하거나, 피담보채권과 분리하여 다른 채권의 담보로 하는 신청 ⑨ 농지에 대한 전세권 신청 ⑩ 부동산의 일부에 대한 보존등기, 소유권이전등기, 저당권등기, 처분제한등기의 신청 ⑪ 공유지분에 대한 보존등기, 지상권, 지역권, 전세권, 임차권등기의 신청 ⑫ 합유지분에 대한 모든 등기신청 ⑬ 5년의 기간을 넘는 공유물분할금지특약 등 법령에 근거없는 특약사항의 등기 ⑭ 촉탁으로 실행되어야 할 등기를 신청 - 압류, 가압류, 가처분, 경매등기
유효	① 무권대리인의 신청에 의한 등기 ② 위조서류에 의한 등기
각하 X	① 판결확정 후 10년이 지나서 하는 등기신청 ② 유류분을 침해하는 등기신청

14 다음 중 등기가 가능한 것은?

① 일부 지분에 대한 소유권보존등기를 신청한 경우

② 공동상속인 甲과 乙 중 甲이 자신의 상속지분만에 대한 상속등기를 신청한 경우

③ 이미 보존등기되어 있는 부동산에 대하여 다시 보존등기를 신청한 경우

④ 가압류결정에 의하여 가압류채권자 甲이 乙소유 토지에 대하여 가압류등기를 신청한 경우

⑤ 공동상속인 중 일부가 상속인 전원명의의 상속등기를 신청한 경우

해설 ① 1물1권주의 위반 (보존등기는 부동산 전부와 권리 전부에 대하여만 가능)
　　② 상/공 전원명의 위반

③ 1부동산 1등기기록주의 위반
④ 처분제한등기는 관공서의 촉탁으로 가능. 개인이 신청할 수 없다.
* 주의 : 가등기가처분은 가등기권리자가 단독신청하는데, 가등기가처분은 일반 가처분과는 성격이 다르다.

정답 ⑤

15 다음 중 등기신청의 각하사유인 것은 모두 몇 개인가?

> ㉠ 甲소유 농지에 대하여 乙이 전세권설정등기를 신청한 경우
> ㉡ 가등기가처분명령에 의하여 가등기권리자 甲이 乙소유 건물에 대하여 가등기신청을 한 경우
> ㉢ 법령에 근거가 없는 특약사항의 등기를 신청한 경우
> ㉣ 소유권이전등기를 이행하라는 판결 확정 후 10년이 지나서 하는 등기를 신청한 경우
> ㉤ 유증을 원인으로 하는 소유권이전등기가 유류분을 침해한 경우
> ㉥ 토지의 일부에 대한 저당권등기를 신청한 경우
> ㉦ 甲이 가지는 1/2지분에 대하여 전세권설정등기를 신청한 경우
> ㉧ 등기기록과 대장의 부동산표시가 일치하지 않는 등기를 관공서가 촉탁한 경우

① 1개   ② 2개   ③ 3개   ④ 4개   ⑤ 5개

해설 각하사유 : ㉠ 농지는 전세권의 목적으로 할 수 없다. ㉢ 법령에 근거없는 ~ 특약이나 ~ 약정의 등기는 할 수 없다. ㉥ 부동산의 일부에 등기가능한 것은 지상권, (승역지)지역권, 전세권, 임차권뿐이다. ㉦ 지 / 지 / 전 / 임은 부동산의 일부에는 가능, 권리의 일부에는 불가능

정답 ④

16 다음 중 직권말소의 대상이 <u>아닌</u> 등기는?

① 합유지분의 이전등기가 된 경우
② 처분금지가처분등기가 된 부동산에 소유권이전등기가 된 경우
③ 주위토지통행권등기가 된 경우
④ 대지권등기가 된 구분건물만의 소유권이전등기가 된 경우
⑤ 건물 일부만의 소유권보존등기가 된 경우

해설 ② 처분'제한'등기는 처분'금지'의 효력은 없으므로 가압류등기나 가처분등기된 부동산도 소유권이전등기나 저당권설정등기 등을 할 수 있다.

정답 ②

테마 11 표제부의 등기와 멸실등기

신청절차	원칙 : 단독신청(소유권등기명의인)
	방식 : [언제나] 주등기
	원칙 : 대장 첨부(선등록 후등기)
	원칙 : 신청의무 O (1월이내 → 신청하지 않아도 과태료 등 제재없음)
관련사항	✽ 부존재건물의 멸실등기는 '지체 없이'.
	✽ **분할이나 합병**의 등기 = **표제부의 등기**
	✽ 등기상 이해관계인의 승낙서 등은 첨부할 필요 없다.
	✽ 건물이 멸실된 경우 멸실등기를 1월 내에 신청하지 않으면 건물대지의 소유자가 대위하여 신청할 수 있다.

17 다음의 등기에 관한 설명 중 **틀린** 것은?

① 부동산의 전부나 일부가 멸실한 경우에는 소유권자가 단독으로 멸실등기를 신청할 수 있다.

② 건물이 멸실한 경우 그 소유권의 등기명의인이 1개월 이내에 멸실등기를 신청하여야 한다.

③ 토지의 분할이나 합병이 있는 경우 소유권의 등기명의인은 그 사실이 있는 때로부터 1개월 이내에 그 등기를 신청하여야 한다.

④ 존재하지 아니하는 건물에 대한 등기가 있을 때 그 소유권의 등기명의인은 지체 없이 그 건물의 멸실등기를 신청하여야 한다.

⑤ 등기관이 합병제한 사유가 있음을 이유로 신청을 각하한 경우 지체 없이 그 사유를 대장 소관청에 알려야 한다.

해설 ① 부동산이 '전부' 멸실 = 멸실등기
　　　부동산이 '일부' 멸실 = (부동산)변경등기

정답 ①

테마 12 소유권보존등기

신청절차	① 원칙 : 단독신청 예외 : 직권 ② 새로 등기기록 개설 ③ <u>등기원인과 그 연월일 기재 X</u>
신청인	* 토지(대장, 판결, 수용) 건물(대장, 판결, 수용, 확인) 　(1) 대장에 최초소유자로 등록된 자 또는 그 상속인, 그 밖의 포괄승계인 　　① 포괄승계인 = 상속인, 합병 후 존속법인(or 신설법인), 포괄수증자 　　② 대장상 이전등록받은 자는 이전등기하여야 함. 　　　단, 지적공부(<u>토지</u>)상 '<u>국가</u>'로부터 이전등록받은 자는 보존등기 가능. 　(2) 확정판결로 소유권 증명하는 자 　　① **이행** + **형성** + **확인** 판결 모두 해당 　　② 보존등기신청인의 소유임을 확정하는 내용의 판결이면 되므로 　　　∴ 보존등기의 말소판결로도 보존등기신청 가능. 　　　* 대장의 소유자 특정이 곤란한 경우 　　　　**토지** − '<u>국가</u>'를 상대로 판결 　　　　**건물** − '<u>시장, 군수, (자치구의) 구청장</u>' 상대로 판결 　(3) 수용으로 소유권취득을 증명하는 자 　　미등기 부동산 수용 − 보존등기 / 등기된 부동산 수용 − 이전등기 * 건물만 가능 : '특별자치도지사, 시장, 군수, (자치구의) 구청장'의 확인 * 규약상 공용부분을 <u>규약폐지</u> 후 취득한 자는 지체없이 소유<u>권보존등기</u>를 　신청하여야 한다.
직권보존 등기	① 미등기주택/상가건물에 임차권등기(명령) 촉탁 　* <u>이전등기나 전대차등기할 수 없다.</u> ② 미등기부동산에 대하여 처분제한등기(가압류, 가처분, (강제)경매) 촉탁 　* 압류는 직권보존등기의 사유가 아님.
확정판결 종류	① 등기없이 권리 취득 = 형성판결(만) ② 단독신청 = 이행판결(인수판결) : 승소한 자만 단독신청 　　　　　　공유물분할판결 : 모두 단독신청 ③ 보존등기 신청 = 이행, 형성, 확인판결 모두 가능

18 보존등기에 관한 다음의 설명 중 옳은 것은?

① 소유권보존등기를 할 때에는 등기원인과 그 연월일을 기재하여야 한다.

② 보존등기신청인의 소유임을 확정하는 내용의 판결이면 소유권확인판결은 물론 형성판결이나 이행판결에 의하여도 보존등기의 신청이 가능하다.

③ 토지나 건물에 대하여 국가를 상대로 한 판결을 받아 보존등기신청이 가능하다.

④ 토지나 건물에 대하여 시장이나 군수 또는 (자치구의) 구청장을 상대로 판결을 받거나 확인을 받아 자기의 소유임을 증명하는 자는 보존등기의 신청이 가능하다.

⑤ 해당 부동산이 보존등기 신청인의 소유임을 이유로 소유권보존등기의 말소를 명한 판결로는 보존등기의 신청을 할 수 없다.

> 해설 ① 보존등기는 '등기원인과 그 연월일' 기재 X
> ③④ 토지는 '국가'를 상대, 건물은 '지자체의 장'을 상대
> ⑤ 보존등기신청은 이행 형성 확인판결을 가리지 않고 가능
>
> 정답 ②

19 보존등기에 관한 다음 내용 중 <u>틀린</u> 것은?

① 등기관이 미등기토지에 관하여 법원의 촉탁에 따라 가압류등기를 할 때에는 직권으로 소유권보존등기를 하여야 한다.

② 미등기주택이나 상가건물에 대하여 임차권등기명령에 따른 임차권등기의 촉탁이 있는 경우에는 직권으로 보존등기를 한 후 임차권등기를 하여야 한다.

③ 건축물대장에 최초의 소유자로 등록되어 있는 자의 상속인은 직접 자기의 명의로 보존등기를 신청할 수 있다.

④ 건축물대장상 국가로부터 이전등록을 받은 자는 직접 자기의 명의로 보존등기를 신청할 수 있다.

⑤ 수용을 원인으로 소유권을 취득했음을 증명하는 자는 자기의 명의로 보존등기를 신청할 수 있다.

> 해설 ④ 이전등록받은 자는 이전등기를 하는 것이 원칙이다.
>
> 정답 ④

20 보존등기에 관한 다음 내용 중 <u>틀린</u> 것은?

① 보존등기는 소유권의 처분요건일 뿐 성립요건이 아니다.

② 규약상 공용부분을 규약폐지 후 취득한 자는 지체없이 소유권보존등기를 하여야 한다.

③ 압류의 촉탁은 직권 보존등기의 사유가 아니다.

④ 토지대장상 국가로부터 이전등록을 받은 자는 소유권보존등기를 할 수 있다.

⑤ 미등기건물에 대하여 강제경매개시결정등기의 촉탁을 받은 등기관은 소유자의 신청을 받아 소유권 보존등기를 한 후 경매등기를 하여야 한다.

> 해설 ⑤ 처분제한등기의 촉탁이 있으면 직권으로 보존등기를 한다.
>
> 정답 ⑤

테마 13 공동소유등기

공유	**공유지분은 등기되므로**
	① 신청서 및 등기부에 이전되는 지분 기재.
	② 공유지분을 목적으로 하는 등기는 대부분 가능
	단, 공유지분 : 보존등기 / 지상권, 지역권, 전세권, 임차권등기는 불가능.
	③ <u>공유관계에 기한 등기</u>는 <u>공유자 전원이 공동신청</u>
	④ 공유자의 <u>지분포기</u> 있는 경우 : 포기한 자가 등기의무자,
	잔존 공유자가 등기권리자가 되어 지분이전등기를 <u>공동신청.</u>
합유	**합유지분은 등기되지 않으므로**
	① 신청서 및 등기부에 <u>지분 기재 X + '합유'라는 뜻 기재 O</u>
	② 합유지분의 이전·이전가등기·처분제한등기 모두 불가능
	③ 합유지분의 이전 → '합유명의인변경등기'
	* 민법상 <u>조</u>합, 여러 명의 <u>수</u>탁자 : 합유 = <u>조 / 수</u>는 '합유'

21　공유등기에 관한 다음 내용 중 옳은 것은?

① 법인 아닌 사단 명의로의 소유권이전등기를 신청하는 경우에 대표자가 등기권리자이다.

② 부동산의 공유지분을 목적으로 하는 저당권을 설정할 수 없다.

③ 공유지분을 목적으로 하는 지상권등기는 할 수 있다.

④ 공유자 중 1인의 지분포기로 인한 소유권이전등기는 공유지분권을 포기하는 공유자가 단독으로 신청하여야 한다.

⑤ 공유부동산에 전세권을 설정할 경우, 그 등기기록에 기록된 공유자 전원이 등기의무자이다.

해설　① 법인 아닌 사단(본인)이 등기권리자이다.
　　② 저당권 : 부동산 일부에 불가능, 권리일부에 가능.
　　③ 지 / 지 / 전 / 임 : 부동산 일부에 가능, 권리일부에 불가능
　　④ 지분포기 = 공동신청

정답 ⑤

22 **공동소유의 등기에 관한 다음 내용 중 틀린 것은?**

① 공유자 전원의 합의로 공유를 합유로 하는 경우에는 변경등기를 하여야 한다.

② 공유물분할금지약정의 등기는 공유자 전원이 공동신청하여야 한다.

③ 등기된 공유물분할금지기간을 단축하는 약정에 관한 변경등기는 공유자 전원이 공동으로 신청하여야 한다.

④ 민법상 조합의 재산을 등기하는 경우에는 조합원 전원의 공유로 등기하여야 한다.

⑤ 공유지분의 이전청구권 가등기는 할 수 있으나, 공유지분의 보존등기는 할 수 없다.

해설 ④ 민법상 조합의 재산은 조합원 전원의 명의로 합유등기를 한다.

정답 ④

23 **합유에 관한 내용 중 틀린 것은?**

① 합유등기를 신청하는 경우 합유지분은 기재하지 않고 합유라는 뜻을 기재하여야 한다.

② 민법상 조합이 부동산을 취득하는 경우 조합원 전원명의로 합유등기를 하여야 한다.

③ 잔존 합유자 전원의 동의를 받아 합유지분을 이전하는 경우에는 합유지분의 이전등기를 할 수 있다.

④ 2인의 합유자 중 1인이 사망한 경우, 잔존 합유자는 그의 단독소유로 합유명의인 변경등기신청을 할 수 있다.

⑤ 하나의 부동산에 대해 수탁자가 여러 명인 경우, 등기관은 그 신탁부동산이 합유인 뜻을 기록하여야 한다.

해설 ③ 합유지분은 등기되지 않으므로 '합유명의인변경등기'를 한다.

정답 ③

테마 14 소유권이전등기

수용	원시취득이므로 '단독신청'(관공서는 촉탁). 법률규정에 의해 **수용개시일에 등기없이 권리취득** (등기원인일자 = 수용개시일) * 수용 원인 이전등기시 **직권말소 대상이 아닌 것**(4가지) ① <u>수용개시일 이전</u>의 <u>소유권보존</u>·이전등기 ② <u>수용개시일 이전</u>의 <u>상속</u>을 원인으로 한 수용개시일 이후의 소/이전등기 ③ 그 부동산을 위하여 존재하는 (요역지)<u>지역권</u>등기 ④ 토지수용위원회의 <u>재결</u>로 존속이 인정된 권리
진정명의 회복	① 현재의 소유자를 상대 (말소등기의 경우는 후순위소유자 모두를 상대) ② <u>등기원인: 진정명의회복으로 기재 O, 등기원인일자: 기재 X</u> ③ 진정명의회복 원인 소/이전청구권은 '물권적청구권'이므로 가등기 불가.
환매	① 매매 원인 이전등기와 환매특약등기: 동시신청 + 별개 신청서 ② 환매특약등기의 필요적 기재사항: 매매대금 + 매매비용 ③ 환매권 행사로 이전등기가 된 경우 환매특약등기의 말소 = 직권말소
상속	① 단독신청 ② <u>상속등기를 한 후 상속재산의 협의분할</u>을 한 경우에는 <u>소유권'경정'등기</u>를 한다.

24 토지의 수용으로 인한 소유권이전등기에 대한 다음 내용 중 틀린 것은?

① 수용을 원인으로 하는 소유권이전등기는 단독으로 신청하는 것이 원칙이며, 관공서의 경우에는 촉탁한다.

② 수용재결의 실효로 인한 소유권이전등기의 말소등기는 단독신청한다.

③ 수용으로 인하여 직권말소되었던 등기는 재결이 실효되면 직권으로 회복한다.

④ 등기원인은 '토지 수용'으로, 등기원인일자는 '수용의 개시일'을 기록하고, 등기원인증서로는 '재결서' 또는 '협의성립확인서'를 제공하여야 한다.

⑤ 수용의 개시일에 소유권이전등기를 하지 않아도 권리변동의 효력이 생긴다.

해설 ② 수용으로 인한 소유권이전등기는 단독신청이지만, 재결의 실효로 인한 소유권이전등기의 말소등기는 '공동신청'한다.

정답 ②

25 수용으로 인한 소유권이전등기를 할 때 직권말소되는 등기는?

① 관할 토지수용위원회의 재결로 존속이 인정된 권리

② 수용개시일 이전의 상속을 원인으로 수용개시일 이후에 마쳐진 소유권이전등기

③ 근저당권의 실행으로 인하여 수용의 개시일 이전에 마쳐진 임의경매개시의 결정 등기

④ 수용개시일 이전에 마쳐진 소유권이전등기

⑤ 수용되는 부동산을 위하여 존재하는 지역권의 등기

해설 ①②④⑤ 수용되었을 때 직권말소되지 않는 4개는 암기사항!

정답 ③

26 소유권이전등기에 관한 다음 내용 중 틀린 것은?

① 환매권이전의 등기는 부기등기의 부기등기로 한다.

② 진정명의회복을 원인으로 하는 등기를 할 때 등기원인은 '진정명의회복'으로 기재하고, 등기원인일자는 기재하지 않는다.

③ 진정명의회복은 현재의 소유자와 공동신청할 수도 있고, 현재의 소유자를 상대로 판결을 받아 단독신청할 수도 있다.

④ 상속등기를 한 후 협의분할을 한 경우에는 이전에 행해진 상속지분을 협의에 따른 비율로 이전하는 소유권의 이전등기를 하여야 한다.

⑤ 진정명의회복을 원인으로 하는 소유권이전청구권의 가등기는 할 수 없다.

해설 ④ 상속등기 후 협의분할이 있는 경우에는 소유권의 '경정'등기를 하여야 한다.

정답 ④

테마 14 **소유권이전등기**

유증	① 유언자 <u>사망 전에는</u> <u>가등기도 불가능</u>. ② 포괄유증 : 유언자 사망시 등기없이 권리취득. 특정유증 : 등기해야 권리 취득 ③ 포괄유증, 특정유증 모두 <u>공동신청</u> ④ 등기원인일자 : 유언자 사망일. 　단, 조건이나 기한이 붙은 경우 조건성취일 또는 기한도래일을 기재 ✽ 등기된 부동산 유증 ① 유증자명의에서 <u>직접 수증자명의로</u> 이전등기 ② 상속등기가 먼저 된 경우 : 상속등기말소할 필요없이 상속인명의에서 <u>직접 수증자명의로</u> 이전등기 ✽ 미등기부동산 유증 ① 포괄유증 : <u>직접 수증자명의로</u> 보존등기 ② 특정유증 : 상속인 명의로 보존등기 후 수증자 명의로 이전등기
신탁	① <u>동시신청(일괄신청)</u> + <u>1건</u>의 신청정보 ② 신탁등기와 그 말소등기는 <u>수탁자가 단독신청</u> + <u>대위신청</u> 가능 　+ <u>대위신청할 때는 동시신청할 필요 X</u> ③ 신탁 원인 권리의 이전등기와 신탁등기는 <u>하나의 순위번호</u> 사용 ④ 수탁자가 여러 명 = <u>합유</u> ⑤ 수탁자의 <u>고유재산</u>으로 된 뜻의 등기 = <u>주등기</u> ⑥ 신탁원부 : <u>부동산마다 별개로 등기관이 작성</u> ⑦ 수탁자가 소유자이다. ⑧ 신탁원부 기록의 변경등기 : 　㉠ 법원이 ~의 <u>재판</u>을 한 경우 = <u>법원의 촉탁</u>, 　㉡ 법무부장관이 ~을 <u>직권</u>으로 한 경우 + ~을 <u>명한</u> 경우 = <u>법무부장관의 촉탁</u>, 　㉢ 재판이나 직권이란 단어가 없는 경우 = 등기관의 직권

27 유증에 관한 다음 내용 중 틀린 것은?

① 공동신청하는 것이 원칙이다.

② 유언자가 생존 중인 경우에는 소유권이전청구권의 가등기도 할 수 없다.

③ 유증을 원인으로 한 소유권이전등기는 포괄유증이든 특정유증이든 모두 상속등기를 거친 후 신청하여야 한다.

④ 미등기부동산이 포괄유증된 경우 수증자는 직접 자신의 명의로 보존등기를 할 수 있다.

⑤ 상속등기가 이미 마쳐진 경우에는 상속등기를 말소할 필요 없이 상속인 명의에서 직접 수증자 명의로 이전등기를 할 수 있다.

해설 ③ 포괄유증은 유언자 사망시 등기없이 권리 취득, 특정유증은 등기하여야 권리취득.

정답 ③

28 신탁등기에 관한 설명 중 틀린 것은?

① 부동산의 신탁등기와 신탁등기의 말소등기는 수탁자가 단독으로 신청할 수 있으며 수익자나 위탁자는 수탁자를 대위하여 신탁등기나 신탁등기의 말소등기를 단독으로 신청할 수 있다.

② 수탁자가 여러 명인 경우 등기관은 신탁재산이 합유인 뜻을 기록하여야 한다.

③ 등기관이 권리의 이전 또는 보존이나 설정등기와 함께 신탁등기를 할 때에는 하나의 순위번호를 사용하여야 한다.

④ 신탁등기는 수탁자가 단독신청하며 해당 부동산에 관한 권리의 설정등기, 보존등기, 이전등기 또는 변경등기의 신청과 동시에 하여야 하므로, 대위신청하는 경우에는 동시신청하여야 한다.

⑤ 여러 개의 부동산을 일괄하여 신탁하는 경우에도 신탁원부는 부동산마다 별개로 등기관이 작성하여야 한다.

해설 ④ 대위신청하는 경우에는 동시신청할 필요가 없다.

정답 ④

29 신탁등기에 관한 설명 중 틀린 것은?

① 신탁등기의 말소등기신청은 권리의 이전 또는 말소등기나 수탁자의 고유재산으로 된 뜻의 등기신청과 함께 1건의 신청정보로 일괄하여 해야 한다.

② 신탁재산이 수탁자의 고유재산이 되었을 때에는 그 뜻의 등기를 주등기로 하여야 한다.

③ 등기관이 신탁재산에 속하는 부동산에 관한 권리에 대하여 수탁자의 변경으로 인한 이전등기를 할 경우에 직권으로 그 부동산에 관한 신탁원부 기록의 변경등기를 하여야 한다.

④ 신탁변경의 재판을 한 경우 수탁자는 신탁원부 기록의 변경등기를 신청하여야 한다.

⑤ 법무부장관이 수탁자를 직권으로 해임한 경우 지체 없이 신탁원부 기록의 변경등기를 등기소에 촉탁하여야 한다.

해설 ④ 법원이 ~ 재판을 한 경우 신탁원부기록의 변경등기는 법원의 촉탁으로 이루어진다.

정답 ④

테마 15 소유권 이외의 권리 등기

지상권	불확정기간이나 영구무한의 기간도 가능 전세권자, 지상권자도 등기의무자 될 수 있음.
지역권	① 관할 등기소 : 승역지 등기소에 신청 ② 승역지 등기부는 신청에 의해 등기, 요역지 등기부는 직권으로 등기 ③ 승역지 등기부에는 요역지를 표시하고, 요역지 등기부에는 승역지를 표시
전세권	✻ 전세금반환채권의 일부양도를 원인으로 하는 전세권 일부이전등기의 요건 ㉠ <u>전세권 소멸 후 가능</u> (존속기간 만료 or 기간 만료 전이면 전세권소멸을 증명해야 가능) ㉡ <u>부기등기</u> ㉢ <u>양도액</u> 기록
임차권	✻ 임차권등기명령에 의한 임차권등기 : 이전등기나 전대차등기는 불가능.
필요적 기록사항	지상권 : 범위 + 목적 지역권 : 범위 + 목적 + 요역지의 표시 전세권 : 범위 + 전세금 임차권 : 범위 + 차임 ✻ 부동산의 일부가 범위인 경우에는 그 부분을 표시한 도면 첨부 단, 전세권의 목적이 건물의 특정층의 전부인 경우에는 도면 첨부 X
임의적 기록사항	~ <u>특약</u>, ~ <u>약정</u> , ~ <u>기</u>간 (~기), <u>지</u>료, <u>임차보증금</u>

30 등기에 대한 다음 내용 중 **틀린** 것은?

① 지상권설정등기를 할 때에는 지상권설정의 목적과 범위를 기록하여야 한다.

② 지역권설정등기를 할 때에는 지역권설정의 목적과 범위 및 요역지의 표시를 하여야 한다.

③ 전세권설정등기를 할 때에는 전세권설정의 기간과 범위 및 전세금을 기록하여야 한다.

④ 전세권설정등기를 신청할 때에 그 범위가 토지의 일부인 경우, 그 부분을 표시한 지적도면을 첨부정보로서 등기소에 제공하여야 하나, 건물의 특정층의 전부를 대상으로 할 때에는 도면을 제공할 필요가 없다.

⑤ 임차권설정등기를 신청할 때에는 임차권설정의 범위와 차임을 신청정보의 내용으로 제공하여야 한다.

해설 ③ 전세권설정의 기간은 임의적 기재사항이다.

정답 ③

31 권리의 등기에 대한 다음 내용 중 **틀린** 것은?

① 전세금반환채권의 일부 양도를 원인으로 하는 전세권 일부이전등기의 신청은 전세권 소멸의 증명이 없는 한, 전세권 존속기간 만료 전에는 할 수 없다.

② 전세금반환채권의 일부 양도를 원인으로 하는 전세권 일부이전등기를 신청할 때에는 양도액을 기록하여야 한다.

③ 전세금반환채권의 일부 양도를 원인으로 하는 전세권의 일부이전등기는 부기등기로 한다.

④ 지역권설정등기는 요역지를 관할하는 등기소에 신청하여야 한다.

⑤ 승역지의 등기기록에 하는 지역권의 등기는 신청에 의하고, 요역지의 등기기록에 하는 지역권의 등기는 직권으로 한다.

해설 ④ 지역권설정등기는 승역지를 관할하는 등기소에 신청한다.

정답 ④

테마 16 담보물권 등기

필요적 기록사항	저당권	채권액(금전채권이 아닌 경우 평가액을 기록) + 채무자(저당권설정자와 동일인이더라도 기재)
	근저당권	채권최고액(반드시 단일하게 기재) + 채무자
임의적 기록사항	저당권	변제기, 이자, 지연이자
	근저당권	결산기(= 존속기간) ※ 변제기, 이자, 지연이자 : 아예 기재사항 X
저당권		저당권이전등기 신청정보에는 채권이 저당권과 함께 이전한다는 뜻을 기재.
공동저당		* 목적부동산이 5개 이상 : 공동담보목록을 등기관이 작성 * 신청서에는 각 부동산에 관한 권리를 표시.
근저당권		근저당권이전등기/변경등기를 할 때 * 피담보채권 확정 전 ① 근저/이전등기의 등기원인 : **계약**양도 or **계약**의 일부양도 or **계약**가입 ② 근저/변경등기의 등기원인 : **계약**인수 or **계약**의 일부인수 * 피담보채권 확정 후 ① 근저/이전등기의 등기원인 : 확정**채권**양도 or 확정**채권**의 대위변제 ② 근저/변경등기의 등기원인 : **채무**인수

32 담보물권의 등기에 관한 다음 설명 중 틀린 것은?

① 저당권의 피담보채권이 금전채권이 아닌 경우에는 금전으로 환산한 평가액을 기록하여야 한다.

② 근저당권설정등기를 함에 있어 그 근저당권의 채권자 또는 채무자가 수인일 때에는 채권최고액을 채권자별로 또는 채무자별로 구분하여 기록하여야 한다.

③ 저당권의 이전등기는 부기등기로 하며, 신청정보에는 저당권이 채권과 같이 이전한다는 뜻을 기재하여야 한다.

④ 저당권으로 담보된 채권을 목적으로 하는 권리질권의 등기는 부기등기로 한다.

⑤ 근저당권의 피담보채권이 확정된 후에 그 피담보채권이 양도된 경우 확정채권양도를 원인으로 하는 근저당권이전등기를 신청할 수 있다.

해설 ② 근저당권의 채권최고액은 반드시 단일하게 기록하여야 하므로 채권자나 채무자가 여러 명이더라도 채권최고액을 구분하여 기록할 수 없다.

정답 ②

33 등기에 관한 다음 설명 중 틀린 것은?

① 저당권의 목적부동산이 5개 이상인 때에는 공동담보목록을 등기관이 작성하여야 한다.

② 채권액과 채무자는 저당권등기를 할 때 반드시 기록하여야 한다.

③ 이자, 지연이자, 변제기는 근저당권등기에서는 기재할 사항이 아니다.

④ 공동저당의 대위등기는 주등기로 한다.

⑤ 공동저당의 대위등기는 피대위자인 선순위저당권자가 등기의무자, 대위자인 차순위저당권자가 등기권리자가 되어 공동신청한다.

해설 ④ 공동저당의 대위등기는 '부기'등기로 한다.

정답 ④

테마 17 등기상 이해관계인

개념	어떤 등기로 인해 등기기록상 손해볼 우려 있는 제3자
등기방식	1. 권리변경/경정등기: 등/이 X = 부기등기 　　　　　　　　등/이 O + 승낙 O = 부기등기 　　　　　　　　등/이 O + 승낙 X = 주등기 2. 직권경정등기: 등/이 존재할 때에는 반드시 그의 승낙이 있어야 가능 　　　　　　　직권경정등기를 한 등기관은 그 사실을 등/권와 등/의에게 통지하여 하는데, 등/권 또는 등/의가 여러 명인 경우에는 그 중 1인에게 통지하면 된다. 3. 말소등기, 말소회복등기, 직권경정등기를 할 때 　등/이 있으면 반드시 그의 승낙을 받아야 가능.
말소등기 이해 관계인	1. 소유권보존등기의 말소: 등기부상 존재하는 모든 권리자 2. 甲의 소유권이 말소될 때: 甲의 소유권에 터잡아 이루어진 권리는 말소되므로 그 권리의 등기명의인은 모두가 등기상 이해관계인 3. 지상권이나 전세권이 말소될 때: 말소되는 지상권이나 전세권을 목적으로 하는 저당권의 등기명의인은 등기상 이해관계인 ＊ 선순위 소유권을 말소할 때 후순위 소유권자(= 현재의 소유자)는 등기상 이해관계인이 아니다. 먼저 말소되어야 할 대상에 불과하다. ＊ 말소등기에 대해 승낙한 이해관계인의 등기는 직권말소한다. ＊ 말소등기의 말소등기는 허용 X
말소회복 이해 관계인	1. 선순위 소유권의 회복등기에 있어서 현재의 소유자(= 후순위 소유자)는 등기상 이해관계인이 아니다. 먼저 말소되어야 할 대상이다. 2. 전세권의 불법말소 후 지상권이 설정된 경우 전세권의 말소회복등기에 있어서 지상권자는 등기상 이해관계인이 아니다. 먼저 말소되어야 할 대상이다(양립 불가능).

34 권리의 변경등기와 경정등기에 관한 다음 내용 중 틀린 것은?

① 권리의 변경등기나 경정등기는 등기상 이해관계 있는 제3자의 승낙이 있으면 부기등기로, 승낙이 없으면 주등기로 하여야 한다.

② 권리자 '甲'을 '乙'로 경정하거나 전세권을 저당권으로 경정하는 등기는 할 수 없다.

③ 직권경정등기를 할 때 등기상 이해관계 있는 제3자가 있는 경우 등기관은 제3자의 승낙이 있어야 경정등기를 할 수 있다.

④ 등기관이 직권으로 경정등기를 하였을 때 등기권리자, 등기의무자 또는 등기명의인이 각 2인 이상인 경우에는 그 중 1인에게 통지하면 된다.

⑤ 권리의 변경등기나 경정등기를 할 때 등기상 이해관계있는 제3자가 없으면 주등기로 하여야 한다.

해설 ⑤ 권리의 변경등기나 경정등기를 할 때 등기상 이해관계있는 제3자가 없거나 그의 승낙이 있으면 '부기'등기로 하여야 한다.

정답 ⑤

35 말소등기에 관한 다음 내용 중 틀린 것은?

① 말소등기는 언제나 주등기로 하고, 말소등기를 말소하여 회복할 수 있다.
② 말소등기에 대하여 등기상 이해관계 있는 제3자가 있는 경우에 그 제3자의 승낙이 없으면 말소등기를 할 수 없으며, 승낙한 제3자의 등기는 직권말소된다.
③ 甲·乙·丙 순으로 소유권이전등기가 된 경우 甲이 乙을 상대로 말소등기판결을 받아 乙명의의 소유권이전등기를 말소하고자 하는 때에 현재의 소유명의인 丙은 그 말소등기에 있어 등기상 이해관계인이 아니다.
④ 전세권등기를 말소하는 경우 그 전세권을 목적으로 하는 저당권자는 등기상 이해관계인이다.
⑤ 소유권보존등기를 말소하는 경우에는 등기부상 존재하는 모든 권리자가 등기상 이해관계인이다.

해설 ① 말소등기의 말소등기는 할 수 없다.

정답 ①

36 말소회복등기에 관한 다음 내용 중 틀린 것은?

① 회복등기청구는 그 등기 말소 당시의 소유자를 상대로 하여야 하며, 현재의 소유자를 상대로 하는 것이 아니다.
② 당사자가 자발적으로 말소등기를 한 경우에는 말소원인이 없는 등기가 말소되었더라도 회복등기를 할 수 없다.
③ 직권말소된 등기는 직권으로 회복되어야 하므로 당사자가 회복등기를 신청할 수 없다.
④ 甲 명의의 전세권설정등기가 불법말소된 후 乙 명의의 전세권등기가 마쳐진 경우, 甲 명의의 전세권설정등기를 회복함에 있어 乙은 등기상 이해관계인이다.
⑤ 말소회복등기에 대한 등기상 이해관계인이 존재할 때 그의 승낙이 없으면 회복등기를 할 수 없다.

해설 ④ 현재의 乙 명의의 전세권을 먼저 말소한 후에 말소된 甲 명의의 전세권을 회복할 수 있으므로, 乙은 등기상 이해관계인이 아니다.

정답 ④

테마 18) 부기등기

개념	주등기 또는 부기등기에 가지번호를 붙여서 하는 등기. 주등기가 말소되면 부기등기는 직권말소.		
대상	주등기	소유권	이전등기과 그 가등기 을 목적으로 하는 권리의 등기 에 대한 처분제한의 등기
	부기등기	소X권리	上同
	* 부기등기로 하는 등기 ① 등기명의인표시의 변경 / 경정등기 ② ~ 특약이나 약정의 등기 ③ 환매특약의 등기 ④ 일부말소회복등기 ⑤ 가등기상 권리의 이전등기 ⑥ 가등기의 가등기 ⑦ 공동저당의 대위등기 (= 저당권의 이전등기) : 공동신청, 부기등기 ⑧ 등기상 이해관계인이 없거나 그의 승낙을 받아 하는 권리의 변경등기나 권리의 경정등기		

37 부기등기에 대한 내용 중 틀린 것은?

① 주등기를 말소하면 부기등기는 직권말소되므로, 전세권이 말소될 때 전세권을 목적으로 하는 저당권자의 승낙이 있으면 그 저당권등기는 직권말소된다.

② 부기등기는 이미 등기된 권리의 순위유지를 위한 목적으로 행해지는 것이므로 표제부에는 부기등기를 할 수 없다.

③ 전세권등기는 주등기로 하고, 전전세권의 등기는 부기등기로 한다.

④ 전세권이전등기가 부적법하면 그 말소등기는 부기등기로 한다.

⑤ 가등기된 권리의 이전등기와 가등기된 권리의 이전청구권가등기는 부기등기로 한다.

해설 ④ 말소등기는 언제나 주등기로 한다. 그러므로 전세권설정등기를 말소하든 전세권 이전등기를 말소하든 모든 말소등기는 주등기로 이루어진다.

정답 ④

38 다음 중 부기등기로 하는 것은 모두 몇 개인가?

> ㉠ 전세권등기
> ㉡ 전세권을 목적으로 하는 저당권등기
> ㉢ 전세권담보제공금지의 특약
> ㉣ 전세권에 대한 처분금지가처분의 등기
> ㉤ 전세권이전등기
> ㉥ 가등기된 권리의 이전등기
> ㉦ 부동산표시의 변경등기
> ㉧ 환매특약등기의 말소등기

① 3개 ② 4개
③ 5개 ④ 6개
⑤ 7개

해설 부기등기로 하는 것 : ㉡ 소유권 이외의 권리를 목적으로 하는 권리의 등기 ㉢ 각종의 특약이나 약정의 등기 ㉣ 소유권 이외의 권리에 대한 처분제한의 등기 ㉤ 소유권 이외의 권리의 이전등기 ㉥ 가등기상 권리의 이전등기나 가등기의 (이전청구권)가등기

정답 ③

테마 19　가등기

	가능	불가능
가능여부	1. 채권적 청구권보전 2. 가등기상 권리의 이전금지가처분 3. 공유지분이전청구권의 가등기 4. 시기부 · 정지조건부 청구권의 가등기 5. 중복가등기(이중의 가등기) 6. 가등기의 가등기 7. 가등기의 이전등기 8. 장래 확정될 청구권(예약상태에서의 청구권)	1. 물권적 청구권보전(말소등기청구권, 진정명의회복 원인 소유권이전청구권의 가등기) 2. 가등기에 의한 본등기금지 가처분 등기 3. 합유지분이전청구권의 가등기 4. 종기부 또는 해제조건부 청구권보전 목적의 가등기 5. 권리의 등기가 아닌 경우(부동산 표시변경의 가등기나 등기명의인 표시변경의 가등기) 6. 소유권보존등기의 가등기 7. 처분제한(압류 · 가압류 · 가처분 · 경매신청 등)의 가등기 8. 유언자의 사망 전 유증가등기
단독신청	① 가등기의 단독신청 – <u>가등기권리자만 가능!</u> 가등기의무자의 승낙서 또는 　　　　　　　　　　　　　　　　　　 가등기가처분명령정본 첨부 ② 가등기 말소의 단독신청 <u>가등기명의인</u> <u>가등기의무자나 등/이</u> → 가등기<u>명의인의 승낙서</u> 첨부	
효력	가등기는 아무런 효력이 없다. 본등기를 하면 순위만 소급 / 권리변동의 효력은 소급 X	
직권말소	소유권이전 가등기에 의한 본등기시 가등기 후 본등기 전 실행된 등기 중 본등기와 양립할 수 없는 등기는 직권말소 O <u>(말소 후 통지)</u> ＊ 단, 직권말소 X 　① 가등기 전 가압류에 기한 강제경매의 등기 　② 가등기 전 저당권 · 전세권 · 가등기담보권에 기한 임의경매의 등기 　③ 가등기권자에게 대항가능한 주택 · 상가건물 임차권등기 　④ 가등기상의 권리를 목적으로 하는 가압류 · 가처분등기 ＊ 지상권, 전세권, 임차권 설정가등기에 의한 본등기가 된 경우 　　→ 가등기 후 실행된 지상권, 지역권, 전세권, 임차권등기는 직권말소. ＊ 저당권 설정가등기에 의한 본등기가 된 경우 → 직권말소의 대상 X	

39 다음 중 가능한 등기는 모두 몇 개인가?

> ㉠ 소유권보존등기의 가등기
> ㉡ 유언자 생존 중 신청한 유증 원인 소유권이전청구권의 가등기
> ㉢ 합유지분이전청구권의 가등기
> ㉣ 매매를 원인으로 한 소유권이전청구권의 가등기
> ㉤ 소유권이전청구권이 시기부 청구권일 경우 그 청구권보전을 위한 가등기
> ㉥ 가등기된 권리에 대한 처분금지 가처분의 등기
> ㉦ 가등기에 의한 본등기 금지 가처분의 등기
> ㉧ 아직 확정되지 아니하고 장래 확정될 청구권의 가등기

① 3개　　② 4개　　③ 5개　　④ 6개　　⑤ 7개

해설 ㉣, ㉤, ㉥, ㉧이 가능하다.　　　　　　정답 ②

40 가등기에 관한 다음 내용 중 틀린 것은?

① 가등기가처분명령이 있으면 가등기를 단독신청할 수 있는 자는 가등기권리자이다.
② 가등기의무자의 승낙을 받아 가등기를 단독신청할 수 있는 자는 가등기권리자이다.
③ 가등기의무자는 가등기명의인의 승낙을 받아 가등기를 단독신청할 수 있다.
④ 가등기에 관해 등기상 이해관계 있는 자가 가등기명의인의 승낙을 받은 경우, 단독으로 가등기의 말소를 신청할 수 있다.
⑤ 가등기가처분명령은 부동산의 소재지를 관할하는 지방법원에 신청할 수 있다.

해설 ③ 가등기의무자가 가등기명의인의 승낙을 받아 단독신청할 수 있는 것은 가등기의 말소이다.　　　　　　정답 ③

41 가등기에 관한 다음 내용 중 틀린 것은?

① 소유권이전청구권 가등기에 의하여 본등기를 한 경우 중간처분의 등기 중 가등기 전에 마쳐진 근저당권에 의한 임의경매개시결정등기는 직권말소하지 않는다.
② 소유권이전청구권 가등기에 의하여 본등기를 한 경우 중간처분의 등기 중 가등기 전에 마쳐진 가압류에 의한 강제경매개시결정의 등기는 직권말소한다.
③ 저당권설정등기청구권 보전의 가등기에 의하여 저당권설정의 본등기가 된 경우 가등기 후 본등기 전에 마쳐진 전세권등기는 직권말소의 대상이 되지 아니한다.
④ 지상권설정청구권의 가등기에 기하여 지상권의 본등기가 된 경우에 가등기 후 본등기 전에 마쳐진 지상권, 지역권, 전세권 또는 임차권의 설정등기는 직권말소된다.
⑤ 등기관이 가등기 이후의 등기를 말소하였을 때에는 지체 없이 그 사실을 말소된 권리의 등기명의인에게 통지하여야 한다.

해설 ② 직권말소할 수 없는 4개에 해당한다.　　　　　　정답 ②

테마 20 이의신청

방법	① 이의신청 : 관할 지방법원 　　이의신청서의 제출 : 당해 등기소 ② 기간 제한 없다. (이익이 있으면 언제라도 가능) ③ 새로운 사실이나 새로운 증거방법으로 이의신청 불가
효력	이의는 집행정지의 효력이 없다. 그러므로 법원은 이의에 대하여 <u>결정하기 전</u>에 가등기명령 또는 부기등기명령을 할 수 있다.
이의 신청인	각하에 대한 이의신청인 − 등기신청인 (제3자 X) 등기실행에 대한 이의신청인 − 등기신청인 또는 제3자
이의신청 가능여부	각하결정 − 모두 이의신청 가능 등기실행결정 − 29조 1호와 2호의 사유(절대무효)만 이의신청 가능
등기관의 처분	이유있을 때 : ① 각하결정에 대한 이의신청이 이유있을 때 − 등기실행 　　　　　　　② 등기실행결정에 대한 이의신청이 이유있을 때 − 말소 이유없을 때 − 법원에 송부(3일 이내)

42 이의신청에 관한 다음 내용 중 틀린 것은?

① 이의신청은 등기관의 처분이나 결정이 부당하면 할 수 있고 위법함을 요하지 않는다.

② 이의신청은 관할 지방법원에 하고, 이의신청서의 제출은 당해 등기소에 한다.

③ 새로운 사실이나 새로운 증거방법을 근거로 이의신청을 할 수 없고, 이의의 이익이 있는 한 언제라도 이의신청을 할 수 있다.

④ 이의신청이 이유없다고 판단한 등기관은 3일 이내 의견을 붙여 관할 지방법원에 보내야 한다.

⑤ 관할 지방법원은 이의신청에 대하여 결정한 후에 등기관에게 이의가 있다는 뜻의 가등기나 부기등기를 명령할 수 있다.

해설 ⑤ 법원이 하는 가등기명령이나 부기등기명령은 이의신청자를 보호하기 위한 것이므로 이의신청에 대하여 결정하기 '전'에 한다.

정답 ⑤

지적법

02 지적법

테마 01 토지표시의 결정과 등록

등록	소재·지번·지목·면적·경계 또는 좌표 → 국토교통부장관이 모든 토지 등록
결정	＊ 소유자의 신청 O → 지적소관청이 결정 ＊ 소유자의 신청 X → 지적소관청이 직권으로 결정할 수 있다.
직권등록 절차	토지이동현황조사계획 수립 (원: 시·군·구 별 수립. 부득이: 읍·면·동 별 수립) 토지이동조사 토지이동조사부 작성 토지이동정리결의서 작성(토지이동조서를 첨부) 지적공부 정리

01 공간정보의 구축 및 관리 등에 관한 법령상 다음의 설명으로 틀린 것은?

① 국토교통부장관은 모든 토지에 대하여 필지별로 소재·지번·지목·면적·경계 또는 좌표 등을 조사·측량하여 지적공부에 등록하여야 한다.

② 지적공부에 등록하는 지번·지목·면적·경계 또는 좌표는 토지의 이동이 있을 때 토지소유자의 신청을 받아 지적소관청이 결정하되, 신청이 없으면 지적소관청이 직권으로 결정할 수 있다.

③ 지적소관청은 토지의 이동현황을 직권으로 조사·측량하여 토지의 지번·지목·면적·경계 또는 좌표를 결정하려는 때에는 토지이동현황 조사계획을 수립하여야 한다.

④ 토지이동현황 조사계획은 시·도별로 수립하되, 부득이한 사유가 있는 때에는 시·군·구별로 수립할 수 있다.

⑤ 지적소관청은 토지이동현황 조사계획에 따라 토지의 이동현황을 조사한 때에는 토지이동 조사부에 토지의 이동현황을 적어야 한다.

해설 ④ 토지이동현황 조사계획은 시·군·구별로 수립하되, 부득이한 사유가 있는 때에는 읍·면·동별로 수립할 수 있다.

정답 ④

테마 02 지번

지번 : 지적소관청이 지번부여지역별로 차례대로 부여(북서에서 남동)

　　임야도 및 임야대장에 등록하는 토지 = 숫자 앞에 "산"

　　본번과 부번은 "-"표시로 연결하고, "의"라고 읽는다.

분류	원칙	예외
신규등록 등록전환	인접지의 본번에 부번 부여	그 지번부여지역의 <u>최종본번</u>에 이어 본번 순차부여 ① <u>여러</u> 필지 ② 최종지번지에 <u>인접</u>한 토지 ③ <u>멀리</u> 떨어진 토지
분할	1필지 : 분할 전의 지번 나머지 : <u>최종부번</u> 다음 부번 순차 부여	주거·사무실 등 존재시 → (신청과 상관없이 당연히) 그 필지에 분할 전 지번을 부여하여야.
합병	<u>선순위</u> 지번으로 부여. 본번 존재시 → 그 중 <u>선순위</u>	주거·사무실 등 존재시 → <u>신청</u>하면 그 필지의 지번.
도/개/사업 등 =지/확/측	지역 내 본번 사용. 제외 : ① 지역의 종전지번과 지역 밖의 본번이 같은 지번 ② 지역의 경계에 걸친 지번	지번 수 부족시 : ① 블록(단지)단위 또는 ② 그 지번부여지역의 **최종본번**에 이어 **본번** 순차부여

도/개/사업 등 지번부여방법 준용

① <u>지</u>번변경

② 행정구역개편으로 지번 부여

③ 축척변경

④ <u>도</u>/개/사업 등 준공 前 지번부여 → '사업계획도'에 따른다.

지번의 변경 : 지적소관청이 시·도지사 또는 대도시시장의 승인받아 변경(축/반/지)

02 공간정보의 구축 및 관리 등에 관한 법률상 지번부여의 원칙에 관한 다음의 설명 중 틀린 것은?

① 신규등록 및 등록전환의 경우에는 그 지번부여지역에서 인접토지의 본번에 부번을 붙여서 지번을 부여한다.

② 분할되는 토지 중 1필지는 분할 전의 지번으로 하고 나머지 토지는 해당 지번부여지역의 최종본번에 이어 본번으로 순차 부여한다.

③ 지적확정측량을 실시한 지역은 지적확정측량을 실시한 지역의 종전의 지번과 지적확정측량을 실시한 지역 밖에 있는 본번이 같은 지번이 있을 때에는 그 지번과 지적확정측량을 실시한 지역의 경계에 걸쳐 있는 지번을 제외한 해당 지역 내의 본번을 사용하여 부여한다.

④ 지번은 본번과 부번으로 구성하되, 본번과 부번 사이에 "－"표시로 연결하고 이 경우 "－"표시는 "의"라고 읽는다.

⑤ 지번은 아라비아숫자로 표기하되, 임야대장 및 임야도에 등록하는 토지의 지번은 숫자 앞에 "산"자를 붙인다.

해설 ② 나머지 토지는 본번의 최종 부번 다음 순번으로 부번을 부여하여야 한다.

정답 ②

03 공간정보의 구축 및 관리 등에 관한 법률상 지번에 관한 설명 중 틀린 것은?

① 지번변경을 하기 위하여 지적소관청은 시・도지사 또는 대도시시장에게 승인신청서를 제출하여야 한다.

② 분할되는 필지에 주거・사무실 등의 건축물이 있는 필지에 대해서는 분할 전의 지번을 우선하여 부여하여야 한다.

③ 합병의 경우에는 합병 대상 지번 중 선순위의 지번을 그 지번으로 하되, 본번으로 된 지번이 있을 때에는 본번 중 선순위의 지번을 합병 후의 지번으로 하여야 한다.

④ 도시개발사업 등이 준공되기 전에 지번을 부여하는 때에는 토지이용계획확인서에 따라서 하되, 지적확정측량을 실시한 지역의 지번부여방법을 준용한다.

⑤ 토지소유자가 합병 전의 필지에 주거・사무실 등의 건축물이 있어서 그 건축물이 위치한 지번을 합병 후의 지번으로 신청할 때에는 그 지번을 합병 후의 지번으로 부여하여야 한다.

해설 ④ 도시개발사업 등이 준공되기 전에 지번을 부여하는 때에는 '사업계획도'에 따라서 한다.

정답 ④

테마 03 지목

표기	① 토지대장, 임야대장 : 정식명칭 + 코드번호 ② 지적도, 임야도 : 부호 (차문자 : 장, 차, 천, 원)

특징	* 연·왕골 <u>재배</u> : <u>답</u>
	  연·왕골 <u>자생</u> : <u>유지</u>
	* 온수·약수·석유류 <u>용출</u> = 광천지
	                        <u>운송</u> = 제외
	
	* 하천 : 자연의 유수
	  구거 : 자연의 유수 + <u>소규모</u>
	        인공수로·둑
	* 보관시설물 부지 = 창고용지
	  실외에 물건을 쌓아두는 곳 = 잡종지
	* 염전 X = 소금을 제조하는 <u>공장시설물</u>의 부지
	* 주차장 X = **노상주차장** 및 **부설주차장**,
	            자동차 판매 목적으로 설치된 **물류장** 및 **야외전시장**
	* 시설물부지 **인근의 부설주차장은 주차장**
	* <u>고속도로</u>의 휴게소 부지 = 도로
	  아파트·공장 등 단일 용도의 일정한 단지 안에 설치된 통로 = 도로 X
	* 유원지 = 수영장·경마장·야영장
	* 사적지 X = <u>학교용지</u>·<u>공원</u>·<u>종교용지</u> 내 있는 유적·고적·기념물부지
	* 잡종지 X = <u>원상회복을 조건</u>으로 돌을 캐내는 곳 또는 흙을 파내는 곳
	* <u>과수원</u>, <u>목장용지</u>, <u>묘지</u> 내의 주거용·관리용 건축물 부지 = 대
	* <u>학교용지</u>, 공장용지, <u>종교용지</u> = 학/장/종(모두 흡수)
	* <u>학교용지</u>, <u>공원</u>, <u>종교용지</u> 내 유적, 고적, 기념물부지 = 학/공/종(모두 흡수)

04 공간정보의 구축 및 관리 등에 관한 법률상 지목에 대한 다음의 설명 중 틀린 것은?

① 토지대장과 임야대장에는 지목의 정식명칭과 코드번호를 함께 등록하며, 지적도와 임야도에는 부호로 표기하여야 한다.

② 여객자동차터미널, 자동차운전학원 및 폐차장 등 자동차와 관련된 독립적인 시설물을 갖춘 부지 또는 공항시설 및 항만시설부지는 '잡종지'로 한다.

③ 원상회복을 조건으로 돌을 캐내거나 흙을 파내는 곳으로 허가된 토지는 '잡종지'로 하지 아니한다.

④ 온수·약수·석유류 등을 일정한 장소로 운송하는 송수관·송유관 및 저장시설의 부지는 '광천지'로 한다.

⑤ 과수원 내에 있는 주거용 건축물의 부지는 '대'로 한다.

해설 ④ 온수·약수·석유류 '용출' = 광천지 O,
　　　　온수·약수·석유류 '운송' = 광천지 X

정답 ④

05 공간정보의 구축 및 관리 등에 관한 법률상 지목에 대한 다음 연결 중 틀린 것은?

① 물을 상시적으로 직접 이용하여 벼·연(蓮)·미나리·왕골 등의 식물을 주로 재배하는 토지 - 답

② 수림지(樹林地)·죽림지·암석지·자갈땅·모래땅·습지·황무지 - 임야

③ 저유소(貯油所) 및 원유저장소의 부지와 이에 접속된 부속시설물의 부지 - 주유소용지

④ 시설물의 부지 인근에 설치된 부설주차장 - 주차장

⑤ 전기 또는 수소 등의 판매를 위하여 일정한 설비를 갖춘 시설물의 부지 - 공장용지

해설 ⑤ '주유소용지'이다.

정답 ⑤

06 공간정보의 구축 및 관리 등에 관한 법률상 지목의 연결이 옳은 것은?

① 연·왕골 등이 자생하는 배수가 잘 되지 아니하는 토지 - 답

② 교통 운수를 위하여 일정한 궤도 등의 설비와 형태를 갖추어 이용되는 토지와 이에 접속된 역사(驛舍) - 철도용지

③ 용수 또는 배수를 위하여 일정한 형태를 갖춘 인공적인 수로·둑 및 그 부속시설물의 부지 - 제방

④ 고속도로의 휴게소 부지 - 대

⑤ 학교용지 내에 있는 유적·고적·기념물 등을 보호하기 위하여 구획된 토지 - 사적지

해설 ① '유지' ③ '구거' ④ '도로' ⑤ '학교용지'

정답 ②

테마 04 경계

지상경계 결정기준	높낮이 차이 X – 구조물 등 중앙 높낮이 차이 O – 구조물 등 <u>하</u>단부 <u>절</u>토(땅깎기)된 부분 – 경사면의 <u>상</u>단부 높하 / 절상 해면, 수면 – <u>최대</u>만조위 또는 <u>최대</u>만수위 제방 – 바깥쪽 어깨
지상 건축물 있는 경우 분할	원: 지상건축물을 걸리게 분할하는 경계를 정할 수 없다. 예: ① 확정<u>판</u>결 ② 공공사업으로 학철수유도구제천 ③ <u>도</u>시개발사업 등 ④ <u>도</u>시·군관리계획선
지상 경계점 등록부	등록사항: ① 소재 ② 지번 ③ 경계점 <u>사</u>진 파일 ④ 경계점 <u>위</u>치 설명도 ⑤ 경계점<u>좌</u>표(경계점좌표등록부 시행지역) ⑥ 경계점<u>표</u>지의 종류 및 경계점 위치 ⑦ <u>공</u>부상 지목과 실제 토지이용 지목

07 공간정보의 구축 및 관리 등에 관한 법률상 다음 내용 중 **틀린** 것은?

① 토지의 지상경계는 둑, 담장이나 그 밖에 구획의 목표가 될 만한 구조물 및 경계점표지 등으로 구분한다.

② 토지의 이동에 따라 지상경계를 새로 정한 경우에 지적소관청은 지상경계점등록부를 작성·관리하여야 한다.

③ 지상경계점등록부에는 토지의 소재와 지번, 경계점 좌표(경계점좌표등록부 시행지역에 한정한다), 경계점 위치 설명도 등을 등록한다.

④ 분할에 따른 지상 경계는 지상건축물을 걸리게 결정해서는 아니 된다.

⑤ 「국토의 계획 및 이용에 관한 법률」에 따른 도시·군 관리계획 결정고시와 지형도면의 고시가 된 지역의 도시·군관리계획선에 따라 토지를 분할하는 경우에는 분할에 따른 지상경계를 지상건축물에 걸리게 결정할 수 없다.

해설 ⑤ 판/공/도/도: 건축물 걸리게 분할할 수 있다.

정답 ⑤

08 공간정보의 구축 및 관리 등에 관한 법률상 지상경계의 결정기준에 관한 내용 중 **틀린** 것은? (단, 지상경계의 구획을 형성하는 구조물 등의 소유자가 다른 경우는 제외한다)

① 연접되는 토지 간에 높낮이 차이가 없는 경우에는 그 구조물 등의 중앙에 따른다.

② 연접되는 토지 간에 높낮이 차이가 있는 경우에는 그 구조물 등의 하단부에 따른다.

③ 도로·구거 등의 토지에 절토(땅깎기)된 부분이 있는 경우에는 그 경사면의 상단부에 따른다.

④ 토지가 해면 또는 수면에 접하는 경우에는 최대만조위 또는 최대만수위가 되는 선에 따른다.

⑤ 공유수면매립지의 토지 중 제방 등을 토지에 편입하여 등록하는 경우에는 안쪽 어깨부분에 따른다.

해설 ⑤ '바깥쪽 어깨' 부분에 따른다.

정답 ⑤

테마 05	면적

면적측정	면적 : 제곱미터 단위. 수평면적. 도면 − 전자면적측정기법, 좌표(경위의측량) − 좌표면적계산법 지적현황측량, 경계복원측량, 합병 − 면적측정 X
면적결정	* 경계점좌표등록부 비치지역(1/500), 1/600 등록단위(최소등록면적) : 0.1m^2 0.05m^2 초과 : 올리고 0.05m^2 미만 : 버리고 0.05m^2 : 구하려는 끝자리가 0, 짝수면 버리고 홀수면 올린다. * 기타 지역 등록단위(최소등록면적) : 1m^2

09 지적공부에 등록하는 면적에 관한 설명 중 틀린 것은?

① 경계점좌표등록부에 등록된 토지의 면적이 0.05제곱미터인 경우에는 0.1제곱미터로 등록한다.

② 도면에 등록된 토지의 면적은 좌표면적계산법에 의하고, 경위의측량방법으로 측량된 토지의 면적은 전자면적측정기법에 의한다.

③ 임야도의 축척이 1/6000인 지역의 1필지 면적이 1제곱미터 미만일 때에는 1제곱미터로 한다.

④ 1/600 축척의 지적도에 등록된 토지의 면적이 778.549제곱미터인 경우 토지대장에는 778.5제곱미터로 등록된다.

⑤ 지목변경이나 지적현황측량, 경계복원측량이나 합병은 면적측정을 하는 경우에 해당하지 않는다.

해설 ② 경위의측량은 좌표를 정하는 측량이므로 그 토지의 면적은 '좌표면적계산법'에 의한다.

정답 ②

10 세부측량시 필지마다 면적을 측정하여야 하는 경우가 <u>아닌</u> 것은?

① 등록전환을 하는 경우

② 지적공부의 복구를 하는 경우

③ 합병을 하는 경우

④ 축척변경을 하는 경우

⑤ 도시개발사업 등으로 인한 토지의 이동에 따라 토지의 표시를 새로 결정하는 경우

해설 ③ 면적을 측정하지 않는 경우에 해당하는 대표적인 것 : 지목변경, 합병, 지적현황측량, 경계복원측량 등

정답 ③

테마 06) 지적공부

중요등록 사항	1. <u>소재, 지번</u>, ~의 <u>장번호</u> = 모든 지적공부
	   * 도면은 장번호 대신 도면번호가 등록된다.
	2. 지목 = <u>도</u>면(지적도/임야도) + 대<u>장</u>(토지대장/임야대장) ⇨ 목도장
	   <u>축</u>척 = <u>도</u>면(지적도/임야도) + 대<u>장</u>(토지대장/임야대장) ⇨ 축도장
	3. <u>면</u>적 = 대<u>장</u>(토지대장/임야대장) ⇨ 면장
	   토지<u>이</u>동사유 = 대<u>장</u>(토지대장/임야대장) ⇨ 이장
	   개별<u>공</u>시지가(토지<u>등</u>급과동일) = 대<u>장</u>(토지대장/임야대장) ⇨ 공장, 등장
	4. 경계 = 도면에만 등록
	5. 좌표 = 경계점좌표등록부에만 등록
	6. 소유자 = 대장 모두(토/대, 임/대, 공/연, 대/등)
	7. 공유지연명부/대지권등록부에만 지분있고 도/번없다.
	8. 토지의 고유번호 : 도면에만 없다
	9. 대/등 고유등록사항 : 건물 명칭, 전유부분의 건물 표시, 대지권 비율
	10. 경/좌 고유등록사항 : 좌표, 부호 및 부호도

지적도 임야도	도면의 색인도, 도면의 제명 및 축척, 삼각점 및 지적기준점의 <u>위치</u>, 건축물 및 구조물의 <u>위치</u>(지적현황측량), 도곽선 및 도곽선<u>수치</u> 등 * <u>경계점좌표등록부를 갖춰두는 지역의 지적도</u>에는 해당 도면의 <u>제명 끝</u>에 <u>"(좌표)"</u>라고 표시하고, 도곽선의 오른쪽 아래 끝에 <u>"이 도면에 의하여 측량</u> <u>할 수 없음"</u>이라고 적어야 하며, <u>좌표에 의하여 계산된 경계점 간의 거리</u>를 등록한다(1cm 단위).
경/좌	① 토지대장과 지적도 함께 비치 ② 의무비치 : 지적확정측량 또는 축척변경측량 실시지역

11 토지대장과 임야대장의 등록사항만으로 나열된 것은?

① 소재, 지번, 면적, 토지의 고유번호, 건축물 및 구조물의 위치

② 지목, 면적, 개별공시지가, 토지의 이동사유, 소유권의 지분

③ 소재, 지번, 지목, 면적, 개별공시지가, 토지 등급, 소유자의 성명, 도면의 번호

④ 부호 및 부호도, 토지의 고유번호, 도곽선과 그 수치, 지적도면의 색인도

⑤ 지목, 면적, 토지의 고유번호, 개별공시지가, 좌표, 축척

해설 ① 건축물 및 구조물의 위치 X : 도면
② 소유권의 지분 X : 공/연, 대/등
④ 부호 및 부호도 X : 경/좌, 도곽선과 그 수치 X : 도면, 지적도면의 색인도 X : 도면
⑤ 좌표 X : 경/좌

정답 ③

12 지적공부와 관련된 다음 설명 중 틀린 것은?

① 경계점좌표등록부에서는 소유자를 알 수 없다.

② 토지대장과 임야대장에서는 해당 토지가 등록된 도면의 축척을 알 수 없다.

③ 공유지연명부에서는 대지권의 비율을 알 수 없다.

④ 임야도에 등록되는 토지는 지적도에서는 (산)으로 표기하고 지번이나 지목 등의 정보는 일체 등록하지 않는다.

⑤ 소유자가 여러 명인 토지의 경우 토지대장이나 임야대장에서는 소유권 지분을 알 수 없다.

해설 ② 축/도장 : 축척은 지적도, 임야도, 토지대장, 임야대장에 등록된다.

정답 ②

13 지적공부의 내용 중 틀린 것은?

① 건축물 및 구조물의 위치, 삼각점 및 지적기준점의 위치, 도곽선과 그 수치, 도면의 색인도는 지적도와 임야도의 등록사항이다.

② 경계점좌표등록부를 갖춰 두는 토지는 지적확정측량 또는 축척변경을 위한 측량을 실시하여 경계점을 좌표로 등록한 지역의 토지로 한다.

③ 경계점좌표등록부가 비치되는 지역은 지적도와 토지대장을 함께 비치한다.

④ 지적도의 도곽선은 가로 40cm, 세로 30cm로 하고, 도면의 윗방향은 항상 북쪽으로 한다.

⑤ 경계점좌표등록부를 갖춰두는 지역의 지적도에는 도곽선의 오른쪽 아래 끝에는 '좌표에 의해 측량을 할 수 없음'이라고 적어야 한다.

해설 ⑤ '이 도면에 의해 측량할 수 없음'이라고 기재한다.

정답 ⑤

테마 07 지적공부 보존, 공개

보존	지적공부	지적소관청이 해당 청사의 지적서고에 보관
	정보처리 시스템	관할 시·도지사, 시장·군수·구청장이 지적정보관리체계에 보관
반출 복제	지적공부	원칙: 반출금지 예외: 반출가능 ① 천재·지변 기타 이에 준하는 재난시 ② 관할 시·도지사 또는 대도시 시장의 승인을 받은 때
	정보처리 시스템	국토교통부장관이 지적공부를 복제하여 관리하는 정보관리체계를 구축
공개 신청	지적공부	해당 지적소관청
	정보처리 시스템	(지적도·임야도 제외) 특별자치시장, 시장·군수 또는 구청장이나 읍·면·동의 장

14 지적공부에 관한 다음의 내용 중에서 틀린 것은?

① 지적소관청은 해당 청사에 지적서고를 설치하고 그 곳에 지적공부(정보처리시스템을 통하여 기록·저장한 경우는 제외한다)를 영구히 보존하여야 한다.

② 지적소관청은 국토교통부장관의 승인을 받은 경우에는 지적공부를 반출할 수 있다.

③ 지적공부를 정보처리시스템을 통하여 기록·저장한 경우 관할 시·도지사, 시장·군수 또는 구청장은 그 지적공부를 지적정보관리체계에 영구히 보존하여야 한다.

④ 국토교통부장관은 지적공부의 효율적인 관리 및 활용을 위하여 지적정보 전담 관리기구를 설치·운영한다.

⑤ 국토교통부장관은 정보처리시스템에 의하여 기록·저장하여야 하는 지적공부가 멸실되거나 훼손될 경우를 대비하여 지적공부를 복제하여 관리하는 시스템을 구축하여야 한다.

> 해설 ② 국토교통부장관의 승인을 받는 경우는 없다. 시·도지사 또는 대도시 시장의 승인을 받아 지적공부를 반출할 수 있다.
>
> 정답 ②

15 다음 내용 중 틀린 것은?

① 지적공부의 공개신청 - 해당 지적소관청

② 정보처리시스템에 의하여 기록, 저장된 지적공부의 공개신청(지적도·임야도는 제외) - 특별자치시장, 시장·군수 ·구청장이나 읍·면·동의 장

③ 부동산종합공부의 공개신청 - 지적소관청이나 읍·면·동의 장

④ 부동산종합공부를 복제하여 관리하는 정보관리체계 구축 - 국토교통부장관

⑤ 지적공부의 반출사유 - 천재·지변 기타 이에 준하는 재난시

> 해설 ④ 부동산종합공부의 관리·운영이나 그 보존·복제는 모두 지적소관청이 한다.
> ＊ 정보처리시스템의 복제는 '국토교통부장관'이 한다.
>
> 정답 ④

테마 08	지적서고

| 설치기준 | ① 지적서고는 지적사무를 처리하는 사무실과 연접(連接)하여 설치하여야 한다.
② 바닥과 벽은 2중으로 하고 영구적인 방수설비를 할 것
③ 창문과 출입문은 2중으로 하되, 바깥쪽 문은 반드시 철제로 하고 안쪽 문은 곤충·쥐 등의 침입을 막을 수 있도록 철망 등을 설치할 것
④ 열과 습도의 영향을 받지 아니하도록 내부공간을 넓게 하고 천장을 높게 설치할 것
⑤ 온도 및 습도 자동조절장치를 설치하고, 연중 평균온도는 섭씨 <u>20±5도</u>를, 연중평균습도는 <u>65±5퍼센트</u>를 유지할 것
⑥ 지적공부 보관상자는 <u>벽으로부터 15센티</u>미터 이상 띄워야 하며, <u>높이 10센티</u>미터 이상의 깔판 위에 올려놓아야 한다.
⑦ 카드로 된 토지대장·임야대장·공유지연명부·대지권등록부 및 경계점좌표등록부는 <u>100장</u> 단위로 바인더(binder)에 넣어 보관하여야 한다.
⑧ 일람도·지번색인표 및 지적도면은 지번부여지역별로 도면번호순으로 보관하되, <u>각 장별로</u> 보호대에 넣어야 한다.
⑨ 전기시설을 설치하는 때에는 단독퓨즈를 설치하고 소화장비를 갖춰 둘 것 |

16 지적서고에 관한 내용으로 **틀린** 것은?

① 창문과 출입문은 2중으로 하되, 바깥쪽 문은 반드시 철제로 하고 안쪽 문은 곤충·쥐 등의 침입을 막을 수 있도록 철망 등을 설치하여야 한다.

② 열과 습도의 영향을 받지 아니하도록 내부공간을 넓게 하고 천장을 높게 설치하여야 한다.

③ 온도 및 습도 자동조절장치를 설치하고, 연중 평균온도는 섭씨 25±5도를, 연중평균습도는 65±5퍼센트를 유지하여야 한다.

④ 지적공부 보관상자는 벽으로부터 15센티미터 이상 띄워야 하며, 높이 10센티미터 이상의 깔판 위에 올려놓아야 한다.

⑤ 일람도·지번색인표 및 지적도면은 지번부여지역별로 도면번호순으로 보관하되, 각 장별로 보호대에 넣어야 한다.

해설 ③ 연중 평균온도는 섭씨 '20±5도'를 유지하여야 한다.

정답 ③

테마 09 부동산종합공부

보존	관리·운영: 지적소관청 복제: 지적소관청
등록사항	토지 표시와 소유자: 지적공부의 내용 건축물표시와 소유자: 건축물대장의 내용 토지의 이용·규제 사항: 토지이용계획확인서의 내용 부동산의 가격: 개별공시지가, 개별주택가격, 공동주택가격 기타: 등기법 48조의 부동산의 <u>권리</u>에 관한 사항
정보제공	관리기관의 장 → 지적소관청: 상시적 정보제공 지적소관청 → 관리기관의 장: 자료제출요구 (특별사유없으면 제공하여야)
정정	지적소관청 → 관리기관의 장에게 정정요청 토지소유자 → 지적소관청에게 정정신청
공개신청	지적소관청 or 읍·면·동장

	보존	복제
정보처리시스템	관할 시·도지사, 시장·군수·구청장	국토교통부장관
부동산종합공부	지적소관청	지적소관청

17 부동산종합공부에 관한 내용으로 **틀린** 것은?

① 지적소관청은 부동산의 효율적 이용과 부동산과 관련된 정보의 종합적 관리·운영을 위하여 부동산종합공부를 관리·운영하고, 이를 별도로 복제하여 관리하는 정보관리체계를 구축하여야 한다.

② 지적소관청은 부동산종합공부의 정확한 등록 및 관리를 위하여 필요한 경우에는 등록사항을 관리하는 기관의 장에게 관련 자료의 제출을 요구할 수 있다.

③ 이 경우 자료의 제출을 요구받은 기관의 장은 특별한 사정이 없는 한 자료를 제공하여야 한다.

④ 부동산종합공부의 등록사항을 관리하는 기관의 장은 지적소관청에 상시적으로 관련 정보를 제공하여야 한다.

⑤ 토지소유자는 부동산종합공부의 등록사항에 잘못이 있음을 발견하면 등록사항을 관리하는 기관의 장에게 그 정정을 신청할 수 있다.

해설 ⑤ 토지소유자는 '지적소관청'에게 그 정정을 신청할 수 있다.

정답 ⑤

18 부동산종합공부의 등록사항이 **아닌** 것은?

① 지적공부에 등록되어 있는 토지의 표시와 소유자

② 건축물대장에 등록되어 있는 건축물의 표시와 소유자(건축물이 있는 경우)

③ 사업계획도에 있는 토지의 이용 및 규제에 관한 사항

④ 「부동산 가격공시에 관한 법률」에 따른 개별공시지가, 개별주택가격 및 공동주택가격

⑤ 「부동산등기법」 제48조에 따른 부동산의 권리에 관한 사항

해설 ③ '토지이용계획확인서'에 있는 토지의 이용 및 규제에 관한 사항

정답 ③

테마 10 지적전산자료

이용절차	지적전산자료(연속지적도 포함)를 신청하려는 자는 지적전산자료의 이용 또는 활용 목적 등에 관하여 <u>미리</u> 관계 중앙행정기관의 <u>심사</u>를 받아야 한다.
심사면제	1. 심사를 <u>받지 아니한다.</u> 　중앙 행정기관의 장 　그 소속기관의 장 　지방자치단체의 장 2. 심사를 <u>받지 아니할 수 있다.</u> 　토지<u>소유자</u> → 자기 소유토지 　<u>상속인</u> → 피상속인 소유토지 　개인정보보호법 상 <u>개인정보를 제외</u>한 자료신청자
이용신청	전국단위 자료 : 국/장, 시·도지사 or 지적소관청 시·도단위 자료 : 시·도지사 or 지적소관청 시·군·구단위 자료 : 지적소관청
지적정보 전담관리기구	국토교통부장관이 설치, 운영 국/장은 ① 주민등록전산자료, ② 가족관계등록전산자료, ③ 공시지가전산자료, ④ 부동산등기전산자료 등을 관리하는 기관에 자료를 요청할 수 있으며, ⇨ 요청받은 관리기관의 장은 <u>특별한 사정이 없으면</u> 그 요청을 따라야 한다.

19 공간정보의 구축 및 관리 등에 관한 법령상 지적공부의 관리 등에 관한 설명으로 **틀린** 것은?

① 지적전산자료를 이용하려면 미리 관계 중앙행정기관의 심사를 받아야 하나 중앙행정기관의 장, 그 소속 기관의 장 또는 지방자치단체의 장이 신청하는 경우에는 그러하지 아니하다.

② 시·도 단위의 지적전산자료를 이용하려는 자는 시·도지사 또는 지적소관청에게 신청하여야 한다.

③ 시·군·구(자치구가 아닌 구를 포함한다) 단위의 지적전산자료를 이용하려는 자는 지적소관청에게 신청하여야 한다.

④ 토지소유자가 자기 토지에 대한 지적전산자료를 신청하거나, 토지소유자가 사망하여 그 상속인이 피상속인의 토지에 대한 지적전산자료를 신청하거나, 「개인정보 보호법」 제2조 제1호에 따른 개인정보를 제외한 지적전산자료를 신청하는 경우 관계 중앙행정기관의 심사를 받지 아니한다.

⑤ 국토교통부장관은 지적공부를 과세나 부동산정책자료 등으로 활용하기 위하여 주민등록전산자료, 가족관계등록전산자료, 부동산등기전산자료 또는 공시지가전산자료 등을 관리하는 기관에 그 자료를 요청할 수 있다.

해설 ④ '심사를 받지 아니할 수 있다.'

정답 ④

테마 11 지적공부의 복구

복구자료	토지 표시	확정판결서, 등기사항증명서 등 등기사실증명서류, 지적공부 등본, 토지이동정리결의서, 측량결과도, 지적소관청이 작성 or 발행한 지적공부 등록내용 증명서류, 복제된 지적공부
	소유자	확정판결서, 부동산등기부
복구절차		복구자료 조사 ↓ 복구자료조사서와 복구자료도 작성 ① 측정면적과 조사된 면적이 허용범위 이내 → 조사된 면적을 복구면적으로 ② 측정면적과 조사된 면적이 허용범위 초과 or 복구자료 X ↓ 복구측량 : 측량결과가 복구자료와 부합 X 　　　　→ 토/소 + 이/관 동의받아 경계 또는 면적 조정가능 ↓ 복구 전 게시 + 이의신청 : 15일 이상 시·군·구 게시판 및 인/홈·피 게시 ↓ 지적공부의 복구
특이사항		＊ 지적공부의 복구를 할 때 면적측정 O 복구측량 △ ＊ 복구절차에 신청이나 승인은 없다. 지적소관청이 지체없이 복구.

20 지적공부의 복구자료가 <u>아닌</u> 것은?

① 등기사항증명서 등 등기사실증명서류

② 토지이동정리 결의서

③ 측량결과도

④ 지적정보관리체계에서 복제된 지적공부

⑤ 토지이용계획확인서

해설 ⑤ 토지이용계획확인서는 부동산종합공부에서만 나온다.

정답 ⑤

21 지적공부의 복구에 관한 설명 중 틀린 것은?

① 지적공부를 복구하려는 지적소관청(정보처리시스템을 통하여 기록·저장한 지적공부의 경우에는 시·도지사, 시장·군수 또는 구청장)은 소유자의 신청 여부와 관계없이 지체 없이 복구하여야 한다.

② 복구자료도에 따라 측정한 면적과 지적복구자료조사서의 조사된 면적의 증감이 허용범위 이내이면 조사된 면적을 복구면적으로 결정한다.

③ 복구측량의 결과가 복구자료와 부합하지 않으면 토지소유자 및 이해관계인의 동의를 받아 경계 또는 면적을 조정할 수 있다.

④ 지적공부를 복구한 지적소관청은 시·군·구 게시판 및 인터넷 홈페이지에 15일 이상 게시하여야 하고, 게시기간 내에 이의신청을 할 수 있다.

⑤ 대장은 복구되고 도면이 복구되지 아니한 토지가 축척변경 시행지역이나 도시개발사업 등의 시행지역에 편입된 때에는 도면을 복구하지 아니할 수 있다.

해설 ④ 복구하기 전에 복구하려는 자료를 15일 이상 게시하여야 한다. 지적공부를 '복구한' 지적소관청이 게시하는 것이 아니라 지적공부를 '복구하려는' 지적소관청이 게시를 한다.

정답 ④

테마 12 토지이동

신청의무	토지소유자가 지적소관청에 <u>사유발생일부터 60일 이내</u> 신청 단, 등록말소신청 : 지적소관청의 <u>통지를 받은 날부터 90일 이내</u> 신청 ＊ 신청의무 위반하여도 벌칙 없음.
신규등록	① 등기촉탁 X ② 소유자는 지적소관청이 조사·결정 ③ 첨부서류 : 소판기준 ④ 측량 O

등록전환	㉠ 각종의 <u>허가·신고</u>, 그 밖의 개발행위허가 등을 받은 경우
	㉡ <u>대</u>부분 등록전환시 나머지 토지
	㉢ <u>도</u>시·군관리계획선에 따라 토지분할시
	㉣ <u>사</u>실상 형질변경되었으나 지목변경 불가능시
	＊ 측량 O
	＊ 임야대장의 면적과 등록전환될 면적의 오차가 있는 경우
	  ① 오차허용범위 내 : 등록전환될 면적으로 결정
	  ② 오차허용범위 초과 : 임야대장의 면적 또는 임야도의 경계를 <u>직권정정</u>

지목변경	㉠ 국토계획법에 따른 토지의 형질변경 공사 준공시 ㉡ 토지나 건축물 용도변경 ㉢ 도시개발사업 등 위하여 사업시행자가 공사준공 前 합병신청하는 경우 ＊ 첨부서류 생략 ㉠ 개발행위허가, 농지전용허가 등의 규제를 받지 않는 지목변경 ㉡ 전·답·과수원 상호간 지목변경 ＊ 측량 X

22 토지이동에 관한 다음 설명 중 틀린 것은?

① 소유자의 변경등록은 토지이동이 아니다.
② 신규등록의 경우 토지소유자는 지적소관청이 직접 조사하여 결정한다.
③ 신규등록을 하거나 소유자의 변경등록을 한 경우에는 등기촉탁의 대상이 아니다.
④ 토지소유자는 신규등록할 토지가 있으면 그 사유가 발생한 날부터 60일 이내에 지적소관청에 신규등록을 신청하여야 한다.
⑤ 신규등록을 신청할 때 첨부해야 할 서류를 해당 지적소관청이 관리하는 경우에는 국토교통부장관의 확인으로 그 서류의 제출을 갈음할 수 있다.

해설 ⑤ 토지소유자가 제출해야 할 서류를 해당 지적소관청이 관리하는 경우에는 '지적소관청의 확인'으로 그 서류의 제출을 갈음할 수 있다.

정답 ⑤

23 등록전환에 관한 다음 설명 중 틀린 것은?

① 토지소유자는 등록전환할 토지가 있으면 그 사유가 발생한 날부터 60일 이내에 지적소관청에 등록전환을 신청하여야 한다.

② 대부분의 토지가 등록전환되어 나머지 토지를 임야도에 계속 존치하는 것이 불합리한 경우에는 등록전환을 신청하여야 한다.

③ 「건축법」에 따른 건축허가·신고가 된 토지는 90일 이내에 등록전환을 신청하여야 한다.

④ 임야도에 등록된 토지가 사실상 형질변경되었으나 지목변경을 할 수 없는 경우에는 등록전환의 대상토지이다.

⑤ 임야대장의 면적과 등록전환될 면적의 차이가 허용범위 이내인 경우 등록전환될 면적을 등록전환 면적으로 결정하고, 허용범위를 초과하는 경우는 임야대장의 면적 또는 임야도의 경계를 지적소관청이 직권으로 정정하여야 한다.

해설 ③ 사유발생일로부터 60일 이내에 등록전환을 신청하여야 한다.

정답 ③

24 토지이동에 대한 다음 내용 중 틀린 것은?

① 「국토의 계획 및 이용에 관한 법률」 등 관계 법령에 따른 토지의 형질변경 등의 공사가 준공된 경우에는 지목변경을 신청할 수 있다.

② 건축물의 용도가 변경된 경우에는 지목변경을 신청할 수 있다.

③ 개발행위허가·농지전용허가·보전산지전용허가 등 지목변경과 관련된 규제를 받지 아니하는 토지의 지목변경신청에는 첨부서류를 제공하여야 한다.

④ 지목변경을 신청할 때 첨부해야 할 서류를 해당 지적소관청이 관리하는 경우에는 지적소관청의 확인으로 그 서류의 제출을 갈음할 수 있다.

⑤ 지목변경은 그 사유가 발생한 날로부터 60일 이내에 신청하여야 하며, 기간 내에 신청하지 아니하여도 과태료 등 벌칙은 없다.

해설 ③ 개발행위허가·농지전용허가·보전산지전용허가 등 지목변경과 관련된 규제를 받지 아니하는 토지의 지목변경신청에는 서류의 첨부를 생략할 수 있다.

정답 ③

분할	원칙 : 신청의무 X
	예외 : 신청의무 O = 1필지의 일부 용도변경시
	① 신청의무 있는 경우 분할신청과 지목변경신청을 함께 하여야.
	② 측량 O
	③ 분할 전후 면적의 차이가
	㉠ 허용범위 이내 : 그 오차를 분할 후의 각 필지의 면적에 따라 나누고,
	㉡ 허용범위를 초과 : 지적공부상의 면적 또는 경계를 정정하여야 한다.
합병	원칙 : 신청의무 X
	예외 : 신청의무 O = ㉠ 공동주택의 부지, ㉡ 학철수유도구제천체공장
	* 측량 X
등록말소	① 지적공부정리수수료 + 지적측량수수료 면제
	② 등록말소 or 회복등록시 : 소관청은 공유수면관리청과 소유자에게 통지
	③ 말소한 토지가 지형변화 등으로 다시 토지가 된 경우 : 소관청이 회복등록할 수 있다.(신청받아야 가능한 것이 아니다)
	④ 측량 △ (일부만 바다로 된 경우에 측량)

25 공간정보의 구축 및 관리에 관한 법령상 분할에 관한 다음 설명 중 틀린 것은?

① 소유권이전, 매매 등을 위하여 필요한 경우 분할을 신청할 수 있다.

② 토지이용상 불합리한 지상 경계를 시정하기 위한 경우 분할을 신청할 수 있다.

③ 지적공부에 등록된 1필지의 일부가 형질변경 등으로 용도가 변경된 경우에는 용도가 변경된 날부터 60일 이내에 지적소관청에 토지의 분할을 신청하여야 한다.

④ 토지를 분할하는 경우에는 새로이 측량하여 경계와 면적을 정하여야 한다.

⑤ 분할 전후 면적의 차이가 허용범위를 초과하는 경우에는 그 오차를 분할 후의 각 필지의 면적에 따라 나누어야 한다.

해설 ⑤ 오차허용범위를 초과한 경우에는 지적공부상의 면적 또는 경계를 정정하여야 하고, 오차허용범위 이내인 경우에는 그 오차를 분할 후의 각 필지의 면적에 따라 나눈다.

정답 ⑤

26 토지이동에 관한 다음 내용 중 **틀린** 것은?

① 합병의 경우 지적측량을 하지 않으므로 면적은 합병 전 토지 면적을 합산하여 결정한다.

② 합병하려는 토지 전부에 대하여 등기사항이 동일한 신탁등기가 있는 경우에는 합병할 수 있다.

③ 합병하려는 토지의 소유자별 공유지분이 다른 경우에는 합병할 수 없다.

④ 합병하려는 토지 전부에 등기원인과 그 연월일, 접수번호가 동일한 저당권이 있는 경우에는 합병할 수 있다.

⑤ 합병하려는 토지에 등기원인과 그 연월일, 접수번호가 동일한 가압류등기가 있는 경우에는 합병할 수 있다.

[해설] ⑤ 동일한 내용의 가압류등기가 있어도 합병할 수 없다. 내용이 같은 등기가 있을 때 합병가능한 것은 저당권과 신탁 둘뿐이다.

정답 ⑤

27 바다로 된 토지의 등록말소에 대한 다음 내용 중 **틀린** 것은?

① 지적소관청은 지적공부에 등록된 토지가 지형의 변화 등으로 바다로 된 경우로서 원상으로 회복될 수 없는 경우에는 지적공부에 등록된 토지소유자에게 지적공부의 등록말소 신청을 하도록 통지하여야 한다.

② 토지소유자는 지적소관청의 통지를 받은 날부터 90일 이내에 지적소관청에 등록말소신청을 하여야 한다.

③ 토지소유자가 통지를 받은 날부터 90일 이내에 등록말소 신청을 하지 아니하면 국토교통부장관이 직권으로 그 지적공부의 등록사항을 말소하여야 한다.

④ 지적소관청은 말소한 토지가 지형의 변화 등으로 다시 토지가 된 경우에는 그 지적측량성과 및 등록말소 당시의 지적공부 등 관계 자료에 따라 토지로 회복등록을 할 수 있다.

⑤ 지적공부의 등록사항을 말소하거나 회복등록하였을 때에는 그 정리 결과를 토지소유자 및 해당 공유수면의 관리청에 통지하여야 한다.

[해설] ③ 지적공부에 등록하는 것과 말소등록하는 것은 모두 지적소관청이 한다.

정답 ③

테마 13 **축척변경**

개념	작은 축척의 지적도를 큰 축척의 지적도로. ① 1필지의 규모가 작을 때, ② 하나의 지번부여지역에 서로 다른 축척의 지적도가 있을 때 ③ 필요한 때
절차	① 소유자 2/3 이상 동의(신청할 때에는 2/3이상 동의서 첨부) ② 축/변/위 의결 ③ 시·도지사 또는 대도시시장 승인 ④ 축/변 시행공고 ; 승인 후 지체없이 20일 이상 ⑤ 경계점표지 설치: 공고일부터 30일 이내 ⑥ 축/변 측량: 지번, 지목, 면적, 경계, 좌표 새로 정한다. ⑦ 지번 별 조서 작성: 면적 증감사항 기재 ⑧ 토지가격 조사: 소관청이 지번별로 m²당 가격조사하여 축/변/위 의결 ⑨ 청산금 공고: 15일 이상 ⑩ 납부고지와 수령통지: 청산금공고일부터 20일 이내 소유자에게. 　　납부: 납부고지 받은 날부터 6월 내 　　수령: 수령통지 한 날부터 6월 내 ⑪ 이의신청: 고지, 통지 받은 날부터 1월 이내 소관청에 이의신청 　　　　　　　　→ 1월 이내 축/변/위 의결 거쳐 결정 ⑫ 청산금의 납부: 납부고지 받은 날부터 6월 내 　　　　　　수령: 수령통지 한 날부터 6월 내 ⑬ 축척변경 확정공고: 납부와 수령이 끝나면 지체 없이. 　확정공고일에 토지이동 있는 것으로 본다.

28 축척변경에 관한 다음의 내용 중 틀린 것은?

① 축척변경은 작은 축척의 지적도를 큰 축척의 지적도로 변경하는 토지이동이므로 임야도에서는 축척변경을 하지 않는다.

② 하나의 지번부여지역에 서로 다른 축척의 지적도가 있을 때 축척변경을 할 수 있다.

③ 지적소관청이 축척변경을 하려면 축척변경 시행지역의 토지소유자 2분의 1 이상의 동의를 받아 축척변경위원회의 의결을 거친 후 시·도지사 또는 대도시 시장의 승인을 받아야 한다.

④ 지적소관청은 축척변경에 관한 측량을 완료하였을 때에는 시행공고일 현재의 지적공부상의 면적과 측량 후의 면적을 비교하여 그 변동사항을 표시한 축척변경 지번별 조서를 작성하여야 한다.

⑤ 토지소유자가 축척변경을 신청하는 경우에는 토지소유자 2/3이상의 동의서를 제출하여야 한다.

해설 ③ 토지소유자 3분의 2 이상의 동의를 받아야 한다.   정답 ③

29 축척변경과 관련한 절차에 대한 다음 설명 중 틀린 것은?

① 지적소관청은 시·도지사 또는 대도시 시장으로부터 축척변경 승인을 받았을 때에는 지체 없이 20일 이상 공고하여야 한다.

② 축척변경 시행지역의 토지소유자 또는 점유자는 시행공고가 된 날부터 30일 이내에 시행공고일 현재 점유하고 있는 경계에 경계점표지를 설치하여야 한다.

③ 청산금의 수령통지를 한 날부터 6개월 이내에 청산금을 지급하여야 하는데 지급받을 자가 행방불명 등으로 받을 수 없거나 받기를 거부할 때에는 그 청산금을 공탁할 수 있다.

④ 청산금을 산정하기 위한 지번별 제곱미터당 금액은 지적소관청이 시행공고일 현재를 기준으로 조사하여 축척변경위원회에 제출하여야 한다.

⑤ 청산금의 결정공고는 20일 이상 하여야 한다.

해설 ⑤ 청산금의 결정공고는 '15일 이상' 하여야 한다.   정답 ⑤

30 공간정보의 구축 및 관리에 관한 법령상 축척변경절차에 관한 다음 내용 중 틀린 것은?

① 지적소관청은 축척변경 시행지역의 각 필지별 지번·지목·면적·경계 또는 좌표를 새로 정하여야 한다.

② 지적소관청이 축척변경을 위한 측량을 할 때에는 토지소유자 또는 점유자가 설치한 경계점표지를 기준으로 새로운 축척에 따라 면적·경계 또는 좌표를 정하여야 한다.

③ 지적소관청은 축척변경 시행기간 중에는 축척변경 시행지역의 지적공부정리와 경계복원측량(경계점표지의 설치를 위한 경계복원측량은 제외한다)을 축척변경 확정공고일까지 정지하여야 한다. 다만, 축척변경위원회의 의결이 있는 경우에는 그러하지 아니하다.

④ 토지소유자 전원이 청산하지 아니하기로 합의하여 서면으로 제출한 경우에는 증감면적에 대하여 청산하지 아니한다.

⑤ 지적소관청은 청산금을 산정하였을 때에는 청산금 조서(축척변경 지번별 조서에 필지별 청산금 명세를 적은 것을 말한다)를 작성하고, 청산금이 결정되었다는 뜻을 20일 이상 공고하여 일반인이 열람할 수 있게 하여야 한다.

해설 ⑤ 청산금결정의 공고는 15일 이상 하여야 한다.   정답 ⑤

테마 13 축척변경

기타절차	1. 축/변 시행기간 중 정지(축/변/위 의결시 예외) → 지적공부 정리 X + 경계점표지설치를 제외한 경계복원측량X 2. 청산하지 않는 예외 ① 필지별 면적증감이 허용범위 이내일 때 → 축/변/위 의결시 청산O ② 소유자 전원이 청산하지 않기로 합의하여 서면 제출시 3. 청산 결과 차액 있을 때 → 그 지방자치단체의 수입 or 부담 ＊ 예외적인 축척변경 → 의결 및 승인 없이 면적만 새로 정한다. ① 합병하려는 토지가 축척이 다른 지적도에 각각 등록되어 있을 때 ② 도시개발사업 등의 시행지역에 있는 토지로서 그 사업 시행에서 제외된 토지
축/변/위	① 위원수: 5인 이상 10인 이하. 1/2이상을 토지소유자로, 소유자가 5명 이하이면 전원을 위원으로. ② 회의개최: 위원장이 회의 5일 전까지 각 위원에게 서면통지 → 재적 과반수, 출석 과반수 찬성으로 의결. ③ 의결사항: 축척변경에 대한 동의와 승인을 제외하고 전부.

31 축척변경에 관한 다음 내용 중 틀린 것은?

① 축척변경에 관한 사항을 심의·의결하기 위하여 지적소관청에 축척변경위원회를 둔다.

② 지적소관청은 축척변경 시행지역의 각 필지별 지번·지목·면적·경계 또는 좌표를 새로 정하여야 한다.

③ 지적소관청은 청산금의 결정을 공고한 날부터 20일 이내에 토지소유자에게 청산금의 납부고지 또는 수령통지를 하여야 한다.

④ 청산금의 납부고지를 받은 자는 그 고지를 한 날부터 6개월 이내에 청산금을 지적소관청에 내야 한다.

⑤ 토지소유자 전원이 청산하지 아니하기로 합의하여 서면으로 제출한 경우에는 면적증감에 대하여 청산하지 아니한다.

해설 ④ 납부고지를 '받은' 날부터 6개월 이내 납부하고, 지급은 수령통지를 '한' 날부터 6개월 이내에 하여야 한다.

정답 ④

32 축척변경위원회에 관한 내용 중 틀린 것은?

① 축척변경위원회는 5명 이상 10명 이하의 위원으로 구성하되, 위원의 3분의 2 이상을 토지소유자로 하여야 한다.

② 축척변경 시행지역의 토지소유자가 5명 이하일 때에는 토지소유자 전원을 위원으로 위촉하여야 한다.

③ 위원장은 위원 중에서 지적소관청이 지명한다.

④ 위원은 해당 축척변경 시행지역의 토지소유자로서 지역 사정에 정통한 사람 또는 지적에 관하여 전문지식을 가진 사람 중에서 지적소관청이 위촉한다.

⑤ 위원장은 축척변경위원회의 회의를 소집할 때에는 회의일시·장소 및 심의안건을 회의 개최 5일 전까지 각 위원에게 서면으로 통지하여야 한다.

해설 ① 축척변경위원회는 위원의 '2분의 1' 이상을 토지소유자로 하여야 한다.

정답 ①

테마 14 토지이동 신청자

원칙	토지소유자
대위신청	① (공공)사업시행자 ② 채권자대위신청 ③ 행정기관의 장 또는 지자체의 장 − 국가나 지자체 취득 토지 ④ 공동주택관리인(없으면 공유자가 선임한 대표자) 또는 사업시행자 − 공동주택부지
도시개발 사업 등 시행지역	① 사업시행자가 토지이동 신청. 　: 소유자는 사업시행자에게 토지이동을 신청하도록 요청 　→ 해당사업에 지장이 없다고 판단되면 토지이동 신청. ② 도/개/사업 등이 환지를 수반하는 때 　→ 사업완료신고로써 토지이동신청에 갈음할 수 있다. ③ 주택법 규정에 의한 주택건설사업 시행자가 파산 　→ 그 주택시공을 보증한 자 or 입주예정자가 신청 가능. ④ 도/개/사업 등 착수·변경·완료사실 신고 　→ 사유발생일부터 15일 이내에 지적소관청에 신고. ⑤ 도/개/사업 등에 따른 토지이동은 토지 형질변경 등의 공사가 준공된 때 이루어진 것으로 본다.

33 도시개발사업 등에 따른 토지이동에 관한 설명 중에서 틀린 것은?

① 도시개발사업 등에 따른 토지이동의 신청은 해당 사업시행자나 토지소유자가 하여야 한다.

② 사업의 착수 또는 변경신고가 된 토지소유자가 해당토지의 이동을 원하는 경우 해당 사업시행자에게 그 토지의 이동을 신청하도록 요청하여야 한다.

③ 도시개발사업 등에 따른 토지의 이동은 토지의 형질변경 등의 공사가 준공된 때에 이루어진 것으로 본다.

④ 도시개발사업 등 각종의 토지개발사업의 시행자는 그 사업의 착수·변경 및 완료사실을 사유발생일 부터 15일 이내에 지적소관청에 하여야 한다.

⑤ 도시개발사업 등에 따른 토지의 이동 신청은 그 신청대상지역이 환지를 수반하는 경우에는 사업완료 신고로써 이에 갈음할 수 있다.

해설 ① 도시개발사업 등에 따른 토지이동의 신청은 해당 사업시행자가 하여야 하고 토지소유자는 토지이동신청을 할 수 없다.

정답 ①

테마 15 등록사항 정정

신청정정	① 제한없이 정정 가능 ② 토지의 경계 변경을 가져오는 정정신청은 인접토지소유자(이해관계인)의 승낙서 또는 확정판결서 + 등록사항정정측량성과도 첨부
직권정정	① 면적의 증감있는 경우에는 직권정정 불가능. ② 직권정정사유 　1. 토지이동정리 결의서의 내용과 다르게 정리된 경우 　2. 지적측량성과와 다르게 정리된 경우 　3. 지적도 및 임야도에 등록된 필지가 면적의 증감 없이 경계의 위치만 잘못된 경우 　4. 1필지가 각각 다른 지적도나 임야도에 등록되어 있는 경우로서 지적공부에 등록된 면적과 측량한 실제면적은 일치하지만 지적도나 임야도에 등록된 경계가 서로 접합되지 않아 지적도나 임야도에 등록된 경계를 지상의 경계에 맞추어 정정하여야 하는 토지가 발견된 경우 　5. 지적공부의 작성 또는 재작성 당시 잘못 정리된 경우 　6. 지적공부의 등록사항이 잘못 입력된 경우 　7. 지적위원회의 의결서에 따라 지적공부의 등록사항을 정정하여야 하는 경우 　8. 「부동산등기법」에 따른 합병등기신청 각하의 통지가 있는 경우(지적소관청의 착오로 잘못 합병한 경우만 해당한다) 　9. 면적 환산이 잘못된 경우

34 지적소관청이 등록사항을 직권으로 정정할 수 <u>없는</u> 것은?

① 등기소에서 합필등기신청의 각하통지가 온 경우(지적소관청의 착오로 잘못 합병된 경우)

② 지적공부의 작성 또는 재작성 당시 잘못 정리된 경우

③ 지적공부의 등록사항이 토지이동현황조사계획의 내용과 다르게 정리된 경우

④ 지적도 및 임야도에 등록된 필지가 면적의 증감없이 경계의 위치만 잘못된 경우

⑤ 지적측량적부심사에 대한 지적위원회의 심의·의결에 따른 의결서의 사본을 송부받아 고치는 경우

해설 ③ 토지이동정리 결의서의 내용과 다르게 정리되거나 지적측량성과와 다르게 정리된 경우에는 직권정정사유이나, 토지이동현황조사계획의 내용과 다르게 정리된 경우는 직권정정사유가 아니다.

정답 ③

35 공간정보의 구축 및 관리 등에 관한 법령상 등록사항의 정정에 관한 다음 내용 중 <u>틀린</u> 것은?

① 토지소유자는 지적공부의 등록사항에 잘못이 있음을 발견하면 지적측량수행자에게 그 정정을 신청할 수 있다.

② 지적도 및 임야도에 등록된 필지가 경계의 위치가 잘못되어 있더라도 면적의 증감이 있다면 직권으로 정정할 수 없다.

③ 정정으로 인접 토지의 경계가 변경되는 경우에는 인접 토지소유자의 승낙서 또는 이에 대항할 수 있는 확정판결서 정본을 지적소관청에 제출하여야 한다.

④ 경계 또는 면적의 변경을 가져오는 정정 신청을 하는 토지소유자는 등록사항 정정 측량성과도를 지적소관청에 제출하여야 한다.

⑤ 지적공부의 등록사항 중 경계나 면적 등 측량을 수반하는 토지의 표시가 잘못된 경우에는 지적소관청은 그 정정이 완료될 때까지 지적측량을 정지시킬 수 있다.

해설 ① 정정신청은 지적소관청에 하여야 한다.

정답 ①

테마 16 소유자의 정리와 정정 / 등기촉탁 / 지적정리의 통지

소유자 정정 정리 복구		등기된 토지	미등기토지
	소유자정리자료	등기필증 등기완료통지서 등기사항증명서 등기전산정보자료	신규등록 : 소관청이 조사 · 결정
	소유자정정자료	上同	가족관계기록사항에 관한 증명서
	소유자복구자료	부동산등기부	확정판결

정정대상 토지관리	대장의 사유란에 "등록사항정정 대상토지"라고 적고, 등록사항 정정 대상토지에 대한 대장을 열람하게 하거나 등본을 발급하는 때 : "등록사항 정정 대상토지"라고 적은 부분을 흑백의 반전(反轉)으로 표시하거나 붉은색으로 적어야 한다.

소유자 정리	① 등기부와 지적공부의 토지표시가 부합하지 않는 경우에는 소유권정리를 할 수 없다. ⇨ 이 경우 지적소관청은 관할 등기소에 불부합통지(등기부에 기록된 토지의 표시와 지적공부가 일치하지 아니하다는 사실의 통지)를 하여 부동산표시변경등기를 한 후 소유권정리를 하여야 한다. ② 총괄청이나 중앙관서의 장이 소유자없는 부동산에 대한 소유자등록을 신청하는 경우 지적소관청은 지적공부에 해당 토지의 소유자가 등록되지 아니한 경우에만 등록할 수 있다.

등기촉탁	등기촉탁은 국가가 국가를 위하여 하는 등기로 본다. 등기촉탁은 지적공부 등록 후 '지체없이' 하여야 한다. ＊ 신규등록과 소유자정리는 등기촉탁사유 X

지적정리 통지	＊ 통지시기 변경등기 필요 O − 등기완료통지서가 접수된 날부터 15일 이내 변경등기 필요 X − 지적공부에 등록한 날부터 7일 이내 주소나 거소 X → 일간신문, 해당 시 · 군 · 구의 공보 또는 인터넷 홈페이지에 공고

36 소유자에 관한 다음 내용 중 **틀린** 것은?

① 지적소관청이 토지소유자에 관한 사항을 정리하거나 정정하는 경우에는 등기필증, 등기완료통지서, 등기사항증명서 또는 등기관서에서 제공한 등기전산정보자료에 따라 하여야 한다.

② 소유자의 성명이나 명칭, 주소 또는 주민등록번호 등이 잘못 기록되어 정정할 때 미등기토지인 경우에는 가족관계 기록사항에 관한 증명서에 따라 정정하여야 한다.

③ 지적공부를 복구할 때의 소유자는 부동산등기부를 기초로 하며, 미등기부동산의 소유자를 복구할 때에는 가족관계기록사항에 관한 증명서를 기초로 한다.

④ 등록사항 정정 대상토지에 대한 대장을 열람하게 하거나 등본을 발급하는 때에는 "등록사항 정정 대상토지"라고 적은 부분을 흑백의 반전(反轉)으로 표시하거나 붉은색으로 적어야 한다.

⑤ 등기부에 적혀 있는 토지의 표시가 지적공부와 일치하지 아니하면 소유권정리를 할 수 없다.

해설 ③ 미등기토지의 소유자 '복구'는 법원의 확정판결에 의하고, 미등기토지의 소유자 '정정'은 가족관계기록에 관한 증명서에 의한다.

정답 ③

37 다음 내용 중 **틀린** 것은?

① 지적소관청이 직권으로 지적공부를 정리한 경우에는 지적정리의 통지를 하여야 한다.

② 신규등록을 한 경우에는 등기촉탁을 하지 아니한다.

③ 지적정리의 통지를 받을 자의 주소나 거소를 알지 못하는 경우에는 일간신문, 해당 시·군·구의 공보 또는 인터넷 홈페이지에 공고하여야 한다.

④ 토지표시에 관한 변경등기가 필요하지 아니한 경우에는 지적공부에 등록한 날부터 15일 이내에 통지하여야 한다.

⑤ 토지표시에 관한 변경등기가 필요한 경우에는 그 등기완료통지서를 접수한 날부터 15일 이내에 토지소유자에게 통지하여야 한다.

해설 ④ 지적공부에 등록한 날부터 '7일' 이내에 하여야 한다.

정답 ④

테마 17　지적측량

측량절차	지적측량 의뢰	의뢰인 : 토지소유자 또는 이해관계인
	↓	
	지적측량 수행자	의뢰받은 다음날까지 지적측량수행계획서를 지적소관청에 제출
	↓	
	지적측량	원칙 : 측량기간 5일, 검사기간 4일 예외 : 지적기준점 15점 이하 − 4일, 　　　　　　15점 초과 4점마다 − 1일 합의시 : 3/4 측량기간, 1/4 검사기간
	↓	
	측량검사	원칙 : 지적소관청 예외 : 시·도지사 또는 대도시시장의 검사 　　→ 지적삼각점측량성과 + 일정규모 이상의 지적확정 측량성과
	↓	
	측량성과도 교부	소관청이 지적측량수행자에게 → 수행자가 측량의뢰인에게

지적기준점	구 분	점간 거리	도면 표시	지적기준점 성과관리	지적기준점성과의 열람·등본청구
	지적삼각점	2~5km	⊕	시·도지사	시·도지사 또는 지적소관청
	지적삼각보조점	1~3km	●	지적소관청	지적소관청
	지적도근점	50m ~ 300m	○	지적소관청	지적소관청

38 지적측량에 관한 다음 내용 중 틀린 것은?

① 지적측량의 의뢰는 토지소유자나 이해관계인이 지적소관청이나 지적측량수행자에게 의뢰하여야 한다.

② 검사측량과 지적재조사측량은 소유자 등이 의뢰할 수 있는 측량이 아니다.

③ 지적측량수행자가 지적측량 의뢰를 받은 때에는 측량기간, 측량일자 및 측량 수수료 등을 적은 지적측량 수행계획서를 그 다음 날까지 지적소관청에 제출하여야 한다.

④ 제출한 지적측량 수행계획서를 변경한 경우에도 위와 같다.

⑤ 지적측량 의뢰인과 지적측량수행자가 서로 합의하여 따로 기간을 정하는 경우에는 그 기간에 따르되, 전체 기간의 4분의 3은 측량기간으로, 전체 기간의 4분의 1은 측량검사기간으로 본다.

해설 ① 지적측량의 의뢰는 토지소유자나 이해관계인이 지적측량수행자에게 하여야 한다. 지적소관청에 지적측량을 의뢰할 수 없다.

정답 ①

39 다음 내용 중 틀린 것은?

① 지적측량수행자가 검사측량을 할 수는 없다.

② 지적현황측량과 경계복원측량은 검사측량의 대상이 아니다.

③ 지적삼각점측량성과와 국토교통부장관이 고시하는 면적 이상의 지적확정측량성과는 국토교통부장관이 검사한다.

④ 지적삼각점측량성과는 시·도지사 또는 대도시 시장에게 열람청구를 하여야 한다.

⑤ 지적삼각보조점측량성과와 지적도근점측량성과는 지적소관청에게 열람청구를 하여야 한다.

해설 ③ 지적삼각점측량성과와 국토교통부장관이 고시하는 면적 이상의 지적확정측량성과는 시·도지사 또는 대도시 시장이 검사한다.

정답 ③

테마 18 지적측량적부심사

심사절차	적부심사 청구	청구인: 소유자, 이해관계인, 지적측량수행자
	↓	
	시·도지사 거쳐	30일 이내 지방지적위원회에 회부
	↓	
	지방지적위원회	60일 이내 심/의. 부득이한 경우 1차 한 30일 이내 연장
	↓	의결서(지체없이) 송부
	시·도지사	7일 이내 심사청구인 및 이해관계인에게 의결서 통지
	↓	
	재심사 청구	재심사 청구인: 심사청구인 및 이해관계인
	↓	90일 이내. 재심사청구 없으면 확정.
	국/장 거쳐	30일 이내 회부
	↓	
	중앙 지/위	60일 이내 심/의. 부득이한 경우 1차 한 30일 이내 연장
	↓	의결서(지체없이) 송부
	국/장	7일 이내 심사청구인 및 이해관계인에게 의결서 통지
	↓	재심사의결서
	시·도지사	특별자치시장의 경우에는 의결서 내용에 따라 직접 정정 또는 수정
	↓	심사의결서 사본
	지적소관청	의결서 내용에 따라 정정 또는 수정

40 다음 ( )안에 들어갈 바른 내용은?

> ㉠ 지적측량 적부심사청구를 받은 시·도지사는 ( )일 이내에 지방지적위원회에 회부하여야 한다.
> ㉡ 지적측량 적부심사청구를 회부받은 지방지적위원회는 그 심사청구를 회부받은 날부터 ( )일 이내에 심의·의결하여야 한다.
> ㉢ 부득이한 경우에는 그 심의기간을 해당 지적위원회의 의결을 거쳐 ( )일 이내에서 한 번만 연장할 수 있다.
> ㉣ 지방지적위원회는 지적측량 적부심사를 의결하였으면 위원장과 참석위원 전원이 서명 및 날인한 지적측량 적부심사 의결서를 ( ) 시·도지사에게 송부하여야 한다.
> ㉤ 시·도지사는 지방지적위원회의 의결서를 받은 날부터 ( )일 이내에 지적측량 적부심사 청구인 및 이해관계인에게 그 의결서를 통지하여야 한다.
> ㉥ 지방지적위원회의 의결서를 받은 자가 지방지적위원회의 의결에 불복하는 경우에는 그 의결서를 받은 날부터 ( )일 이내에 국토교통부장관을 거쳐 중앙지적위원회에 재심사를 청구할 수 있다.

① ㉠ 30 ㉡ 60 ㉢ 30 ㉣ 지체 없이 ㉤ 7 ㉥ 90
② ㉠ 30 ㉡ 60 ㉢ 60 ㉣ 15일 이내 ㉤ 10 ㉥ 60
③ ㉠ 60 ㉡ 30 ㉢ 60 ㉣ 지체 없이 ㉤ 7 ㉥ 60
④ ㉠ 20 ㉡ 30 ㉢ 20 ㉣ 지체 없이 ㉤ 5 ㉥ 90
⑤ ㉠ 20 ㉡ 30 ㉢ 15 ㉣ 7일 이내 ㉤ 5 ㉥ 30

정답 ①

테마 19 지적위원회

지방지적 위원회	시·도에 설치 지적측량적부심사에 대한 심의/의결(이것만!)
중앙지적 위원회	① 국토교통부에 중앙지적위원회를 둔다. ② 위원장 및 부위원장 각 1명을 포함한 5명 이상 10명 이하의 위원으로 구성하며, 위원은 지적에 관한 학식과 경험이 풍부한 사람 중에서 국토교통부장관이 임명하거나 위촉한다. ③ 위원장은 국토교통부 지적업무 담당 국장이, 부위원장은 지적업무 담당 과장이 된다. ④ 위원장과 부위원장을 제외한 위원의 임기는 2년으로 한다. ⑤ 위원장이 위원회의 회의를 소집하는 때에는 회의 일시·장소·심의 안건을 회의 5일 전까지 각 위원에게 서면으로 통지하여야 한다. ⑥ 중앙지적위원회의 회의는 재적위원 과반수의 출석으로 개의(開議)하고, 출석위원 과반수의 찬성으로 의결한다 ⑦ 중앙지적위원회는 관계인을 출석하게 하여 의견을 들을 수 있으며, 필요하면 현지조사를 할 수 있다. ⑧ 중앙지적위원회가 현지조사를 하려는 경우에는 관계 공무원을 지정하여 현지조사를 하고 그 결과를 보고하게 할 수 있으며, 필요할 때에는 지적측량수행자에게 그 소속 지적기술자를 참여시키도록 요청할 수 있다.
중앙지적 위원회 심의/ 의결사항	① 지적측량 적부심사에 대한 재심사 ② 지적 관련 정책 개발 및 업무 개선 등에 관한 사항 ③ 지적측량기술의 연구·개발 및 보급에 관한 사항 ④ 지적기술자의 양성에 관한 사항 ⑤ 지적기술자의 업무정지 처분 및 징계요구에 관한 사항

41 중앙지적위원회에 관한 다음 내용 중 **틀린** 것은?

① 중앙지적위원회는 관계인을 출석하게 하여 의견을 들을 수 있으며, 필요하면 현지조사를 할 수 있다.

② 중앙지적위원회가 현지조사를 하려는 경우에는 관계 공무원을 지정하여 현지조사를 하고 그 결과를 보고하게 할 수 있으며, 필요할 때에는 지적측량수행자에게 그 소속 지적기술자를 참여시키도록 요청할 수 있다.

③ 위원장과 부위원장을 포함한 위원의 수는 5명 이상 10명 이하이고, 위원장과 부위원장을 제외한 위원의 임기는 5년이다.

④ 중앙지적위원회의 회의는 재적위원 과반수의 출석으로 개의하고, 출석위원 과반수의 찬성으로 의결한다.

⑤ 위원장이 회의를 소집할 때에는 회의일시와 장소 및 심의 안건을 회의 5일전까지 각 위원에게 서면으로 통지하여야 한다.

해설 ③ 위원의 임기는 2년이다.

정답 ③

42 지적위원회의 설명 중 **틀린** 것은?

① 지방지적위원회는 지적측량적부심사에 대한 심의·의결과 지적기술자의 양성에 대한 심의·의결을 한다.

② 중앙지적위원회는 지적측량적부심사에 대한 재심사에 대하여 심의·의결을 한다.

③ 중앙지적위원회는 지적 관련 정책 개발 및 업무 개선 등에 관한 사항에 대한 심의·의결을 한다.

④ 중앙지적위원회는 지적측량기술의 연구·개발 및 보급에 관한 사항에 대한 심의·의결을 한다.

⑤ 중앙지적위원회는 지적기술자의 업무정지 처분 및 징계요구에 관한 사항에 대한 심의·의결을 한다.

해설 ① 지방지적위원회는 지적측량적부심사에 대한 심의·의결만 한다.

정답 ①

| 보충 | 숫자 관련 |

지체 없이	① 지적공부의 복구 ② 등기촉탁 ③ 지방지적위원회 또는 중앙지적위원회의 의결서 송부 ④ 축척변경 시행공고 – 시·도지사 또는 대도시 시장으로부터 축척변경 승인을 받았을 때에는 지적소관청은 <u>지체 없이</u> 20일 이상 시행공고 ⑤ 축척변경 확정공고 – 청산금의 납부 및 지급이 완료되었을 때에는 지적소관청은 <u>지체 없이</u> 축척변경의 확정공고 ⑥ 축척변경 확정공고 후 지적공부 등록 ⑦ 직권정정
5일전까지	축척변경위원회와 지적위원회의 회의소집통지 – 위원장이 지적위원회의 회의를 소집할 때에는 회의 일시·장소 및 심의 안건을 회의 <u>5일 전까지</u> 각 위원에게 서면으로 통지하여야 한다.
7일 이내	① 토지표시의 변경등기가 필요하지 아니한 경우에 하는 지적정리 등의 통지 – 지적공부에 등록한 날부터 <u>7일 이내</u> ② 시·도지사 또는 국토교통부장관이 지적측량 적부심사 청구인 및 이해관계인에게 하는 지적측량 적부심사나 적부재심사 의결서의 통지
15일 이내	① 토지표시의 변경등기가 필요한 경우에 하는 지적정리 등의 통지 – 등기완료의 통지서를 접수한 날부터 <u>15일 이내</u> ② 도시개발사업 등의 착수·변경 또는 완료 사실의 신고 – 사업시행자가 <u>15일 이내</u>에 지적소관청에 신고
15일 이상	① 청산금공고 ② 지적공부의 복구 전 게시
20일 이내/이상	① 청산금의 납부고지 및 수령통지 – 지적소관청은 청산금의 결정을 공고한 날부터 <u>20일 이내</u> ② 축척변경 시행공고 – <u>20일 이상</u> 공고
30일 이내	① 지적소관청이 직권측량한 경우 측량수수료의 징수 – 지적공부를 정리한 날부터 <u>30일 내</u>에 내야 한다. ② 축척변경을 할 때 경계점표지설치기간 – 축척변경 시행공고일부터 <u>30일 이내</u> ③ 적부심사나 재심사를 하는 지적위원회가 60일 이내 심의·의결하여야 하나 부득이하여 연장할 수 있는 기간 – <u>30일 이내</u>에서 한 번만 연장할 수 있다. ④ 지적측량 적부심사나 적부재심사청구를 받은 시·도지사나 국토교통부장관이 지적위원회에 회부하는 기간 – <u>30일 이내</u>에 회부

60일 이내	① 신규등록, 등록전환, 지목변경, 예외적 의무대상인 분할이나 합병의 신청기간 − <u>60일 이내</u> 신청 ② 지방지적위원회와 중앙지적위원회의 원칙적인 심의·의결기간 − <u>60일 이내</u> 심의·의결
90일 이내	① 바다로 된 토지의 등록말소신청 − 지적소관청의 통지를 받은 날부터 <u>90일 이내</u> ② 지적측량적부심사의 재심사청구기간 − 지방지적위원회의 의결서를 받은 날부터 <u>90일 이내</u>에 국토교통부장관을 거쳐 중앙지적위원회에 재심사를 청구할 수 있다.

복습문제

본문의 문제를 하나로 모아
다시 한 번 복습할 수 있도록 하였습니다.

01 등기에 관한 설명으로 옳은 것을 모두 고른 것은?

> ㉠ 1동 건물의 표제부와 규약상 공용부분의 등기기록은 표제부만 둔다.
>
> ㉡ 1동의 건물을 구분한 건물의 경우, 1동의 건물에 속하는 전부에 대하여 1개의 등기기록을 둔다.
>
> ㉢ 구분건물에 대한 등기사항증명서의 발급에 관하여는 1동의 건물의 표제부와 해당 전유부분에 관한 등기기록을 1개의 등기기록으로 본다.
>
> ㉣ 등기신청은 반드시 관할 등기소에 하여야 하며, 관할을 위반한 등기는 실행되더라도 절대무효이다.
>
> ㉤ 등기사항증명서 발급이나 열람 신청시 공동담보목록은 그 신청이 있는 경우에만 등기사항증명서에 포함하여 발급하거나 열람한다.
>
> ㉥ 폐쇄등기부도 등기사항증명서의 발급이나 열람을 할 수 있으며 잘못된 내용은 변경하거나 경정할 수 있다.

① ㉠ ㉡ ㉢   ② ㉣ ㉤ ㉥   ③ ㉠ ㉡ ㉢ ㉤

④ ㉠ ㉡ ㉢ ㉤ ㉥   ⑤ ㉠ ㉡ ㉢ ㉣ ㉤

02 등기에 관한 다음 내용 중 **틀린** 것은?

① 매매를 원인으로 하는 소유권이전등기가 마쳐지면 그 때부터 부동산에 대한 소유권을 취득한다.

② '대지권에 대한 등기로서 효력이 있는 등기'와 '대지권의 목적인 토지의 등기기록 중 해당 구에 한 등기'의 순서는 접수번호에 따른다.

③ 같은 주등기에 관한 부기등기 상호간의 순위는 그 등기 순서에 따른다.

④ 가등기를 한 후 본등기의 신청이 있을 때에는 가등기의 순위번호를 사용하여 본등기를 하여야 한다.

⑤ 등기의 순서는 등기기록 중 같은 구(區)에서 한 등기 상호간에는 순위번호에 따르고, 다른 구에서 한 등기 상호간에는 접수번호에 따른다.

03 등기의 효력에 관한 다음 내용 중 **틀린** 것은?

① 소유권이전등기가 경료되어 있는 경우, 그 등기의 명의자는 그 전(前)소유자에 대해서도 적법한 등기원인에 의하여 소유권을 취득한 것으로 추정된다.

② 등기된 권리만이 아니라 등기원인에 대하여도 적법성이 추정된다.

③ 저당권설정등기가 있으면 저당권의 존재는 물론 피담보채권의 존재까지도 추정된다.

④ 소유권보존등기도 추정력이 있으므로 직전권리자가 양도사실을 부인하여도 보존등기의 추정력은 인정된다.

⑤ 사망자나 허무인 명의의 등기는 추정력이 인정되지 않는다.

04 부동산등기법상 다음 중 등기의 당사자능력이 인정되는 것을 모두 고른 것은?

㉠ 외국인	㉡ 영·유아
㉢ 태아	㉣ 국가
㉤ 지방자치단체	㉥ 법인 아닌 사단
㉦ 법인 아닌 재단	㉧ 사립대학
㉨ 행정조직인 읍·면	㉩ 법인 아닌 사단의 실질을 갖춘 동·리
㉪ 민법상 조합	

① ㉠ ㉣ ㉥ ㉧

② ㉣ ㉤ ㉥ ㉧ ㉪

③ ㉠ ㉡ ㉣ ㉤ ㉥ ㉨

④ ㉠ ㉡ ㉢ ㉣ ㉥ ㉦ ㉧

⑤ ㉠ ㉡ ㉣ ㉤ ㉥ ㉦ ㉩

05 절차법상 등기권리자와 등기의무자를 옳게 설명한 것을 모두 고른 것은? 제31회

> ○ 甲 소유로 등기된 토지에 설정된 乙 명의의 근저당권을 丙에게 이전하는 등기를 신청하는 경우, 등기의무자는 乙이다.
> ○ 甲에서 乙로, 乙에서 丙으로 순차로 소유권이전등기가 이루어졌으나 乙 명의의 등기가 원인무효임을 이유로 甲이 丙을 상대로 丙 명의의 등기 말소를 명하는 확정판결을 얻은 경우, 그 판결에 따른 등기에 있어서 등기권리자는 甲이다.
> ○ 채무자 甲에서 乙로 소유권이전등기가 이루어졌으나 甲의 채권자 丙이 등기원인이 사해행위임을 이유로 그 소유권이전등기의 말소판결을 받은 경우, 그 판결에 따른 등기에 있어서 등기권리자는 甲이다.

① ㉡
② ㉢
③ ㉠, ㉡
④ ㉠, ㉢
⑤ ㉡, ㉢

06 절차법상 등기권리자와 등기의무자를 옳게 설명한 것은?

① 근저당권의 채권최고액을 증액하는 변경등기를 신청할 때의 등기권리자는 근저당권설정자이다.

② 甲 - 乙 - 丙 순으로 순차 매매계약이 된 상태에서 甲에서 乙로의 소유권이전등기를 丙이 신청했을 때 등기권리자는 丙이다.

③ 甲이 乙에게 소유권 이전의 가등기를 한 후 소유권이 丙에게 이전되었을 때, 乙이 가등기에 의한 소유권 이전의 본등기를 신청할 때는 丙이 등기의무자이다.

④ 甲이 乙에게 저당권설정등기를 한 후 소유권이 丙에게 이전되었을 때, 피담보채권의 소멸로 저당권의 말소등기를 신청할 때는 甲 또는 丙이 등기권리자이다.

⑤ 甲이 소유권자일 때 乙의 저당권이 불법말소되고 소유권이 丙으로 이전되었을 때, 乙의 저당권말소회복등기를 신청할 때는 甲 또는 丙이 등기의무자이다.

07 단독으로 신청할 수 있는 등기는 모두 몇 개인가? (단, 판결에 의한 신청은 제외)

> ㉠ 지상권자가 그 부동산의 소유권을 취득한 경우에 하는 지상권의 말소등기
> ㉡ 전세금을 증액하는 전세권의 변경등기
> ㉢ 가등기가처분명령을 받아 가등기권리자가 신청하는 가등기
> ㉣ 포괄유증으로 인한 소유권이전등기
> ㉤ 신탁등기의 말소등기
> ㉥ 소유권보존등기의 말소등기
> ㉦ 수용을 원인으로 하는 소유권이전등기(관공서가 수용하는 경우는 제외)
> ㉧ 공유자의 지분포기로 인한 공유지분의 이전등기

① 4개   ② 5개
③ 6개   ④ 7개
⑤ 8개

08 판결에 의한 등기신청에 관한 다음 내용 중 틀린 것은?

① 공유물분할판결이 있으면 등기없이도 판결에 따른 소유권이 취득된다.
② 이행판결에 의해 승소한 등기권리자가 단독신청하지 않더라도 패소한 등기의무자가 단독신청할 수 없다.
③ 이행판결이나 인수를 명하는 판결이 있으면 승소한 등기권리자나 등기의무자가 단독신청할 수 있다.
④ 공유물분할판결이 있으면 승소한 자나 패소한 자가 모두 단독으로 공유물분할을 원인으로 한 지분이전등기를 신청할 수 있다.
⑤ 승소한 등기의무자가 단독신청하는 경우에는 등기필정보를 제공할 필요가 없다.

09 등기신청에 관한 다음의 내용 중 **틀린** 것은?

① 상속이나 법인의 합병, 포괄유증 등 포괄승계에 따른 등기는 등기권리자가 단독으로 신청한다.

② 일부 구분건물의 보존등기를 먼저 신청하는 사람은 다른 구분건물의 표시등기를 동시에 신청하여야 한다.

③ '甲'이 생전에 특정인에게 부동산을 증여한 후 그 소유권이전등기를 하지 아니하고 사망한 경우 상속인들은 수증자와 공동으로 '甲' 명의로부터 직접 수증자 명의로 소유권이전등기를 할 수 있다.

④ 가등기를 마친 후에 가등기의무자가 사망한 경우, 가등기의무자의 상속인은 상속등기를 할 필요가 없이 가등기권리자와 공동으로 본등기를 신청할 수 있다.

⑤ 멸실된 건물의 소유자인 등기명의인이 멸실 후 1개월 이내에 그 건물의 멸실등기를 신청하지 않는 경우, 그 건물대지의 소유자가 대위하여 멸실등기를 신청할 수 있다.

10 등기신청에 관한 다음 내용 중 **틀린** 것은?

① 대지권의 변경이나 소멸이 있는 경우에는 구분건물의 소유권의 등기명의인은 1동의 건물에 속하는 다른 구분건물의 소유권의 등기명의인을 대위하여 그 등기를 신청할 수 있다.

② 방문신청의 대리는 일반인도 할 수 있으나 전자신청의 대리는 자격자대리인만 할 수 있다.

③ 자격자대리인도 전자신청의 대리를 하기 위해서는 미리 사용자등록을 하여야 한다.

④ 등기신청은 자기계약 또는 쌍방대리로 할 수 있다.

⑤ 법인 아닌 사단의 등기는 그 대표자나 관리인이 그의 명의로 등기를 신청한다.

11 다음 내용 중 **틀린** 것은?

① 주소증명정보를 제공하여야 하는 자는 등기권리자이지만, 소유권이전등기를 신청하는 경우에는 등기의무자의 주소증명정보도 제공하여야 한다.

② 주민등록번호증명정보는 등기권리자의 것을 제공하여야 한다.

③ 외국인의 부동산등기용 등록번호는 체류지를 관할하는 지방출입국·외국인관서의 장이 부여한다.

④ 국내에 영업소나 사무소 설치등기 하지 않은 외국법인의 부동산등기용 등록번호는 주된 사무소 소재지를 관할하는 등기소의 등기관이 부여한다.

⑤ 주민등록번호가 없는 재외국민의 등록번호는 대법원 소재지 관할 등기소의 등기관이 부여한다.

12 등기필정보에 관한 다음 내용 중 **틀린** 것은?

① 등기관은 등기를 마치면 등기필정보를 등기권리자에게 통지한다.

② 등기필정보는 분실하거나 멸실된 경우에도 절대로 재교부되지 않는다.

③ 채권자가 등기권리자를 대위하여 신청한 경우 등기관은 등기필정보를 작성하지 아니하고 대위자인 채권자와 피대위자인 채무자에게 등기완료의 통지를 한다.

④ 국가나 지방자치단체가 등기권리자인 경우, 등기관은 등기필정보를 작성·통지하지 않는다.

⑤ 승소한 등기의무자가 단독으로 권리에 관한 등기를 신청하는 경우, 그의 등기필정보를 등기소에 제공해야 하며, 이때는 등기권리자에게 등기필정보를 작성하여 통지하여야 한다.

13 법인 아닌 사단이나 재단의 등기에 관한 다음 내용 중 **틀린** 것은?

① 법인 아닌 사단이나 재단은 대표자나 관리인이 그의 명의로 등기를 신청한다.

② 법인 아닌 사단이 등기의무자인 경우, 사원총회결의가 있었음을 증명하는 정보를 첨부정보로 제공하여야 한다.

③ 대표자의 주소 및 주민등록번호를 증명하는 정보를 첨부정보로 제공하여야 한다.

④ 법인 아닌 사단이나 재단이 직접 전자신청을 할 수는 없다.

⑤ 법인 아닌 사단이나 재단의 부동산등기용 등록번호는 시장·군수·구청장이 부여한다.

14 다음 중 등기가 가능한 것은?

① 일부 지분에 대한 소유권보존등기를 신청한 경우
② 공동상속인 甲과 乙 중 甲이 자신의 상속지분만에 대한 상속등기를 신청한 경우
③ 이미 보존등기되어 있는 부동산에 대하여 다시 보존등기를 신청한 경우
④ 가압류결정에 의하여 가압류채권자 甲이 乙소유 토지에 대하여 가압류등기를 신청한 경우
⑤ 공동상속인 중 일부가 상속인 전원명의의 상속등기를 신청한 경우

15 다음 중 등기신청의 각하사유인 것은 모두 몇 개인가?

> ㉠ 甲소유 농지에 대하여 乙이 전세권설정등기를 신청한 경우
> ㉡ 가등기가처분명령에 의하여 가등기권리자 甲이 乙소유 건물에 대하여 가등기신청을 한 경우
> ㉢ 법령에 근거가 없는 특약사항의 등기를 신청한 경우
> ㉣ 소유권이전등기를 이행하라는 판결 확정 후 10년이 지나서 하는 등기를 신청한 경우
> ㉤ 유증을 원인으로 하는 소유권이전등기가 유류분을 침해한 경우
> ㉥ 토지의 일부에 대한 저당권등기를 신청한 경우
> ㉦ 甲이 가지는 1/2지분에 대하여 전세권설정등기를 신청한 경우
> ㉧ 등기기록과 대장의 부동산표시가 일치하지 않는 등기를 관공서가 촉탁한 경우

① 1개   ② 2개   ③ 3개   ④ 4개   ⑤ 5개

16 다음 중 직권말소의 대상이 <u>아닌</u> 등기는?

① 합유지분의 이전등기가 된 경우
② 처분금지가처분등기가 된 부동산에 소유권이전등기가 된 경우
③ 주위토지통행권등기가 된 경우
④ 대지권등기가 된 구분건물만의 소유권이전등기가 된 경우
⑤ 건물 일부만의 소유권보존등기가 된 경우

17 다음의 등기에 관한 설명 중 **틀린** 것은?

① 부동산의 전부나 일부가 멸실한 경우에는 소유권자가 단독으로 멸실등기를 신청할 수 있다.

② 건물이 멸실한 경우 그 소유권의 등기명의인이 1개월 이내에 멸실등기를 신청하여야 한다.

③ 토지의 분할이나 합병이 있는 경우 소유권의 등기명의인은 그 사실이 있는 때로부터 1개월 이내에 그 등기를 신청하여야 한다.

④ 존재하지 아니하는 건물에 대한 등기가 있을 때 그 소유권의 등기명의인은 지체 없이 그 건물의 멸실등기를 신청하여야 한다.

⑤ 등기관이 합병제한 사유가 있음을 이유로 신청을 각하한 경우 지체 없이 그 사유를 대장 소관청에 알려야 한다.

18 보존등기에 관한 다음의 설명 중 **옳은** 것은?

① 소유권보존등기를 할 때에는 등기원인과 그 연월일을 기재하여야 한다.

② 보존등기신청인의 소유임을 확정하는 내용의 판결이면 소유권확인판결은 물론 형성판결이나 이행판결에 의하여도 보존등기의 신청이 가능하다.

③ 토지나 건물에 대하여 국가를 상대로 한 판결을 받아 보존등기신청이 가능하다.

④ 토지나 건물에 대하여 시장이나 군수 또는 (자치구의) 구청장을 상대로 판결을 받거나 확인을 받아 자기의 소유임을 증명하는 자는 보존등기의 신청이 가능하다.

⑤ 해당 부동산이 보존등기 신청인의 소유임을 이유로 소유권보존등기의 말소를 명한 판결로는 보존등기의 신청을 할 수 없다.

19 보존등기에 관한 다음 내용 중 **틀린** 것은?

① 등기관이 미등기토지에 관하여 법원의 촉탁에 따라 가압류등기를 할 때에는 직권으로 소유권보존등기를 하여야 한다.

② 미등기주택이나 상가건물에 대하여 임차권등기명령에 따른 임차권등기의 촉탁이 있는 경우에는 직권으로 보존등기를 한 후 임차권등기를 하여야 한다.

③ 건축물대장에 최초의 소유자로 등록되어 있는 자의 상속인은 직접 자기의 명의로 보존등기를 신청할 수 있다.

④ 건축물대장상 국가로부터 이전등록을 받은 자는 직접 자기의 명의로 보존등기를 신청할 수 있다.

⑤ 수용을 원인으로 소유권을 취득했음을 증명하는 자는 자기의 명의로 보존등기를 신청할 수 있다.

20 보존등기에 관한 다음 내용 중 **틀린** 것은?

① 보존등기는 소유권의 처분요건일 뿐 성립요건이 아니다.

② 규약상 공용부분을 규약폐지 후 취득한 자는 지체없이 소유권보존등기를 하여야 한다.

③ 압류의 촉탁은 직권 보존등기의 사유가 아니다.

④ 토지대장상 국가로부터 이전등록을 받은 자는 소유권보존등기를 할 수 있다.

⑤ 미등기건물에 대하여 강제경매개시결정등기의 촉탁을 받은 등기관은 소유자의 신청을 받아 소유권 보존등기를 한 후 경매등기를 하여야 한다.

21 공유등기에 관한 다음 내용 중 **옳은** 것은?

① 법인 아닌 사단 명의로의 소유권이전등기를 신청하는 경우에 대표자가 등기권리자이다.

② 부동산의 공유지분을 목적으로 하는 저당권을 설정할 수 없다.

③ 공유지분을 목적으로 하는 지상권등기는 할 수 있다.

④ 공유자 중 1인의 지분포기로 인한 소유권이전등기는 공유지분권을 포기하는 공유자가 단독으로 신청하여야 한다.

⑤ 공유부동산에 전세권을 설정할 경우, 그 등기기록에 기록된 공유자 전원이 등기의무자이다.

22 공동소유의 등기에 관한 다음 내용 중 <u>틀린</u> 것은?

① 공유자 전원의 합의로 공유를 합유로 하는 경우에는 변경등기를 하여야 한다.

② 공유물분할금지약정의 등기는 공유자 전원이 공동신청하여야 한다.

③ 등기된 공유물분할금지기간을 단축하는 약정에 관한 변경등기는 공유자 전원이 공동으로 신청하여야 한다.

④ 민법상 조합의 재산을 등기하는 경우에는 조합원 전원의 공유로 등기하여야 한다.

⑤ 공유지분의 이전청구권 가등기는 할 수 있으나, 공유지분의 보존등기는 할 수 없다.

23 합유에 관한 내용 중 <u>틀린</u> 것은?

① 합유등기를 신청하는 경우 합유지분은 기재하지 않고 합유라는 뜻을 기재하여야 한다.

② 민법상 조합이 부동산을 취득하는 경우 조합원 전원명의로 합유등기를 하여야 한다.

③ 잔존 합유자 전원의 동의를 받아 합유지분을 이전하는 경우에는 합유지분의 이전등기를 할 수 있다.

④ 2인의 합유자 중 1인이 사망한 경우, 잔존 합유자는 그의 단독소유로 합유명의인 변경등기신청을 할 수 있다.

⑤ 하나의 부동산에 대해 수탁자가 여러 명인 경우, 등기관은 그 신탁부동산이 합유인 뜻을 기록하여야 한다.

24 토지의 수용으로 인한 소유권이전등기에 대한 다음 내용 중 <u>틀린</u> 것은?

① 수용을 원인으로 하는 소유권이전등기는 단독으로 신청하는 것이 원칙이며, 관공서의 경우에는 촉탁한다.

② 수용재결의 실효로 인한 소유권이전등기의 말소등기는 단독신청한다.

③ 수용으로 인하여 직권말소되었던 등기는 재결이 실효되면 직권으로 회복한다.

④ 등기원인은 '토지 수용'으로, 등기원인일자는 '수용의 개시일'을 기록하고, 등기원인증서로는 '재결서' 또는 '협의성립확인서'를 제공하여야 한다.

⑤ 수용의 개시일에 소유권이전등기를 하지 않아도 권리변동의 효력이 생긴다.

25 수용으로 인한 소유권이전등기를 할 때 직권말소되는 등기는?

① 관할 토지수용위원회의 재결로 존속이 인정된 권리

② 수용개시일 이전의 상속을 원인으로 수용개시일 이후에 마쳐진 소유권이전등기

③ 근저당권의 실행으로 인하여 수용의 개시일 이전에 마쳐진 임의경매개시의 결정
   등기

④ 수용개시일 이전에 마쳐진 소유권이전등기

⑤ 수용되는 부동산을 위하여 존재하는 지역권의 등기

26 소유권이전등기에 관한 다음 내용 중 틀린 것은?

① 환매권이전의 등기는 부기등기의 부기등기로 한다.

② 진정명의회복을 원인으로 하는 등기를 할 때 등기원인은 '진정명의회복'으로 기
   재하고, 등기원인일자는 기재하지 않는다.

③ 진정명의회복은 현재의 소유자와 공동신청할 수도 있고, 현재의 소유자를 상대로
   판결을 받아 단독신청할 수도 있다.

④ 상속등기를 한 후 협의분할을 한 경우에는 이전에 행해진 상속지분을 협의에 따
   른 비율로 이전하는 소유권의 이전등기를 하여야 한다.

⑤ 진정명의회복을 원인으로 하는 소유권이전청구권의 가등기는 할 수 없다.

27 유증에 관한 다음 내용 중 틀린 것은?

① 공동신청하는 것이 원칙이다.

② 유언자가 생존 중인 경우에는 소유권이전청구권의 가등기도 할 수 없다.

③ 유증을 원인으로 한 소유권이전등기는 포괄유증이든 특정유증이든 모두 상속등
   기를 거친 후 신청하여야 한다.

④ 미등기부동산이 포괄유증된 경우 수증자는 직접 자신의 명의로 보존등기를 할
   수 있다.

⑤ 상속등기가 이미 마쳐진 경우에는 상속등기를 말소할 필요 없이 상속인 명의에
   서 직접 수증자 명의로 이전등기를 할 수 있다.

28 신탁등기에 관한 설명 중 **틀린** 것은?

① 부동산의 신탁등기와 신탁등기의 말소등기는 수탁자가 단독으로 신청할 수 있으며 수익자나 위탁자는 수탁자를 대위하여 신탁등기나 신탁등기의 말소등기를 단독으로 신청할 수 있다.

② 수탁자가 여러 명인 경우 등기관은 신탁재산이 합유인 뜻을 기록하여야 한다.

③ 등기관이 권리의 이전 또는 보존이나 설정등기와 함께 신탁등기를 할 때에는 하나의 순위번호를 사용하여야 한다.

④ 신탁등기는 수탁자가 단독신청하며 해당 부동산에 관한 권리의 설정등기, 보존등기, 이전등기 또는 변경등기의 신청과 동시에 하여야 하므로, 대위신청하는 경우에는 동시신청하여야 한다.

⑤ 여러 개의 부동산을 일괄하여 신탁하는 경우에도 신탁원부는 부동산마다 별개로 등기관이 작성하여야 한다.

29 신탁등기에 관한 설명 중 **틀린** 것은?

① 신탁등기의 말소등기신청은 권리의 이전 또는 말소등기나 수탁자의 고유재산으로 된 뜻의 등기신청과 함께 1건의 신청정보로 일괄하여 해야 한다.

② 신탁재산이 수탁자의 고유재산이 되었을 때에는 그 뜻의 등기를 주등기로 하여야 한다.

③ 등기관이 신탁재산에 속하는 부동산에 관한 권리에 대하여 수탁자의 변경으로 인한 이전등기를 할 경우에 직권으로 그 부동산에 관한 신탁원부 기록의 변경등기를 하여야 한다.

④ 신탁변경의 재판을 한 경우 수탁자는 신탁원부 기록의 변경등기를 신청하여야 한다.

⑤ 법무부장관이 수탁자를 직권으로 해임한 경우 지체 없이 신탁원부 기록의 변경등기를 등기소에 촉탁하여야 한다.

30 등기에 대한 다음 내용 중 틀린 것은?

① 지상권설정등기를 할 때에는 지상권설정의 목적과 범위를 기록하여야 한다.

② 지역권설정등기를 할 때에는 지역권설정의 목적과 범위 및 요역지의 표시를 하여야 한다.

③ 전세권설정등기를 할 때에는 전세권설정의 기간과 범위 및 전세금을 기록하여야 한다.

④ 전세권설정등기를 신청할 때에 그 범위가 토지의 일부인 경우, 그 부분을 표시한 지적도면을 첨부정보로서 등기소에 제공하여야 하나, 건물의 특정층의 전부를 대상으로 할 때에는 도면을 제공할 필요가 없다.

⑤ 임차권설정등기를 신청할 때에는 임차권설정의 범위와 차임을 신청정보의 내용으로 제공하여야 한다.

31 권리의 등기에 대한 다음 내용 중 틀린 것은?

① 전세금반환채권의 일부 양도를 원인으로 하는 전세권 일부이전등기의 신청은 전세권 소멸의 증명이 없는 한, 전세권 존속기간 만료 전에는 할 수 없다.

② 전세금반환채권의 일부 양도를 원인으로 하는 전세권 일부이전등기를 신청할 때에는 양도액을 기록하여야 한다.

③ 전세금반환채권의 일부 양도를 원인으로 하는 전세권의 일부이전등기는 부기등기로 한다.

④ 지역권설정등기는 요역지를 관할하는 등기소에 신청하여야 한다.

⑤ 승역지의 등기기록에 하는 지역권의 등기는 신청에 의하고, 요역지의 등기기록에 하는 지역권의 등기는 직권으로 한다.

32 담보물권의 등기에 관한 다음 설명 중 **틀린** 것은?

① 저당권의 피담보채권이 금전채권이 아닌 경우에는 금전으로 환산한 평가액을 기록하여야 한다.

② 근저당권설정등기를 함에 있어 그 근저당권의 채권자 또는 채무자가 수인일 때에는 채권최고액을 채권자별로 또는 채무자별로 구분하여 기록하여야 한다.

③ 저당권의 이전등기는 부기등기로 하며, 신청정보에는 저당권이 채권과 같이 이전한다는 뜻을 기재하여야 한다.

④ 저당권으로 담보된 채권을 목적으로 하는 권리질권의 등기는 부기등기로 한다.

⑤ 근저당권의 피담보채권이 확정된 후에 그 피담보채권이 양도된 경우 확정채권양도를 원인으로 하는 근저당권이전등기를 신청할 수 있다.

33 등기에 관한 다음 설명 중 **틀린** 것은?

① 저당권의 목적부동산이 5개 이상인 때에는 공동담보목록을 등기관이 작성하여야 한다.

② 채권액과 채무자는 저당권등기를 할 때 반드시 기록하여야 한다.

③ 이자, 지연이자, 변제기는 근저당권등기에서는 기재할 사항이 아니다.

④ 공동저당의 대위등기는 주등기로 한다.

⑤ 공동저당의 대위등기는 피대위자인 선순위저당권자가 등기의무자, 대위자인 차순위저당권자가 등기권리자가 되어 공동신청한다.

34 권리의 변경등기와 경정등기에 관한 다음 내용 중 **틀린** 것은?

① 권리의 변경등기나 경정등기는 등기상 이해관계 있는 제3자의 승낙이 있으면 부기등기로, 승낙이 없으면 주등기로 하여야 한다.

② 권리자 '甲'을 '乙'로 경정하거나 전세권을 저당권으로 경정하는 등기는 할 수 없다.

③ 직권경정등기를 할 때 등기상 이해관계 있는 제3자가 있는 경우 등기관은 제3자의 승낙이 있어야 경정등기를 할 수 있다.

④ 등기관이 직권으로 경정등기를 하였을 때 등기권리자, 등기의무자 또는 등기명의인이 각 2인 이상인 경우에는 그 중 1인에게 통지하면 된다.

⑤ 권리의 변경등기나 경정등기를 할 때 등기상 이해관계있는 제3자가 없으면 주등기로 하여야 한다.

35 말소등기에 관한 다음 내용 중 <u>틀린</u> 것은?

① 말소등기는 언제나 주등기로 하고, 말소등기를 말소하여 회복할 수 있다.

② 말소등기에 대하여 등기상 이해관계 있는 제3자가 있는 경우에 그 제3자의 승낙이 없으면 말소등기를 할 수 없으며, 승낙한 제3자의 등기는 직권말소된다.

③ 甲·乙·丙 순으로 소유권이전등기가 된 경우 甲이 乙을 상대로 말소등기판결을 받아 乙명의의 소유권이전등기를 말소하고자 하는 때에 현재의 소유명의인 丙은 그 말소등기에 있어 등기상 이해관계인이 아니다.

④ 전세권등기를 말소하는 경우 그 전세권을 목적으로 하는 저당권자는 등기상 이해관계인이다.

⑤ 소유권보존등기를 말소하는 경우에는 등기부상 존재하는 모든 권리자가 등기상 이해관계인이다.

36 말소회복등기에 관한 다음 내용 중 <u>틀린</u> 것은?

① 회복등기청구는 그 등기 말소 당시의 소유자를 상대로 하여야 하며, 현재의 소유자를 상대로 하는 것이 아니다.

② 당사자가 자발적으로 말소등기를 한 경우에는 말소원인이 없는 등기가 말소되었더라도 회복등기를 할 수 없다.

③ 직권말소된 등기는 직권으로 회복되어야 하므로 당사자가 회복등기를 신청할 수 없다.

④ 甲 명의의 전세권설정등기가 불법말소된 후 乙 명의의 전세권등기가 마쳐진 경우, 甲 명의의 전세권설정등기를 회복함에 있어 乙은 등기상 이해관계인이다.

⑤ 말소회복등기에 대한 등기상 이해관계인이 존재할 때 그의 승낙이 없으면 회복등기를 할 수 없다.

37 부기등기에 대한 내용 중 틀린 것은?

① 주등기를 말소하면 부기등기는 직권말소되므로, 전세권이 말소될 때 전세권을 목적으로 하는 저당권자의 승낙이 있으면 그 저당권등기는 직권말소된다.

② 부기등기는 이미 등기된 권리의 순위유지를 위한 목적으로 행해지는 것이므로 표제부에는 부기등기를 할 수 없다.

③ 전세권등기는 주등기로 하고, 전전세권의 등기는 부기등기로 한다.

④ 전세권이전등기가 부적법하면 그 말소등기는 부기등기로 한다.

⑤ 가등기된 권리의 이전등기와 가등기된 권리의 이전청구권가등기는 부기등기로 한다.

38 다음 중 부기등기로 하는 것은 모두 몇 개인가?

> ㉠ 전세권등기
> ㉡ 전세권을 목적으로 하는 저당권등기
> ㉢ 전세권담보제공금지의 특약
> ㉣ 전세권에 대한 처분금지가처분의 등기
> ㉤ 전세권이전등기
> ㉥ 가등기된 권리의 이전등기
> ㉦ 부동산표시의 변경등기
> ㉧ 환매특약등기의 말소등기

① 3개
② 4개
③ 5개
④ 6개
⑤ 7개

39 다음 중 가능한 등기는 모두 몇 개인가?

> ㉠ 소유권보존등기의 가등기
> ㉡ 유언자 생존 중 신청한 유증 원인 소유권이전청구권의 가등기
> ㉢ 합유지분이전청구권의 가등기
> ㉣ 매매를 원인으로 한 소유권이전청구권의 가등기
> ㉤ 소유권이전청구권이 시기부 청구권일 경우 그 청구권보전을 위한 가등기
> ㉥ 가등기된 권리에 대한 처분금지 가처분의 등기
> ㉦ 가등기에 의한 본등기 금지 가처분의 등기
> ㉧ 아직 확정되지 아니하고 장래 확정될 청구권의 가등기

① 3개   ② 4개   ③ 5개   ④ 6개   ⑤ 7개

40 가등기에 관한 다음 내용 중 틀린 것은?

① 가등기가처분명령이 있으면 가등기를 단독신청할 수 있는 자는 가등기권리자이다.
② 가등기의무자의 승낙을 받아 가등기를 단독신청할 수 있는 자는 가등기권리자이다.
③ 가등기의무자는 가등기명의인의 승낙을 받아 가등기를 단독신청할 수 있다.
④ 가등기에 관해 등기상 이해관계 있는 자가 가등기명의인의 승낙을 받은 경우, 단독으로 가등기의 말소를 신청할 수 있다.
⑤ 가등기가처분명령은 부동산의 소재지를 관할하는 지방법원에 신청할 수 있다.

41 가등기에 관한 다음 내용 중 틀린 것은?

① 소유권이전청구권 가등기에 의하여 본등기를 한 경우 중간처분의 등기 중 가등기 전에 마쳐진 근저당권에 의한 임의경매개시결정등기는 직권말소하지 않는다.
② 소유권이전청구권 가등기에 의하여 본등기를 한 경우 중간처분의 등기 중 가등기 전에 마쳐진 가압류에 의한 강제경매개시결정의 등기는 직권말소한다.
③ 저당권설정등기청구권 보전의 가등기에 의하여 저당권설정의 본등기가 된 경우 가등기 후 본등기 전에 마쳐진 전세권등기는 직권말소의 대상이 되지 아니한다.
④ 지상권설정청구권의 가등기에 기하여 지상권의 본등기가 된 경우에 가등기 후 본등기 전에 마쳐진 지상권, 지역권, 전세권 또는 임차권의 설정등기는 직권말소된다.
⑤ 등기관이 가등기 이후의 등기를 말소하였을 때에는 지체 없이 그 사실을 말소된 권리의 등기명의인에게 통지하여야 한다.

42 이의신청에 관한 다음 내용 중 틀린 것은?

① 이의신청은 등기관의 처분이나 결정이 부당하면 할 수 있고 위법함을 요하지 않는다.

② 이의신청은 관할 지방법원에 하고, 이의신청서의 제출은 당해 등기소에 한다.

③ 새로운 사실이나 새로운 증거방법을 근거로 이의신청을 할 수 없고, 이의의 이익이 있는 한 언제라도 이의신청을 할 수 있다.

④ 이의신청이 이유없다고 판단한 등기관은 3일 이내 의견을 붙여 관할 지방법원에 보내야 한다.

⑤ 관할 지방법원은 이의신청에 대하여 결정한 후에 등기관에게 이의가 있다는 뜻의 가등기나 부기등기를 명령할 수 있다.

43 공간정보의 구축 및 관리 등에 관한 법령상 다음의 설명으로 틀린 것은?

① 국토교통부장관은 모든 토지에 대하여 필지별로 소재·지번·지목·면적·경계 또는 좌표 등을 조사·측량하여 지적공부에 등록하여야 한다.

② 지적공부에 등록하는 지번·지목·면적·경계 또는 좌표는 토지의 이동이 있을 때 토지소유자의 신청을 받아 지적소관청이 결정하되, 신청이 없으면 지적소관청이 직권으로 결정할 수 있다.

③ 지적소관청은 토지의 이동현황을 직권으로 조사·측량하여 토지의 지번·지목·면적·경계 또는 좌표를 결정하려는 때에는 토지이동현황 조사계획을 수립하여야 한다.

④ 토지이동현황 조사계획은 시·도별로 수립하되, 부득이한 사유가 있는 때에는 시·군·구별로 수립할 수 있다.

⑤ 지적소관청은 토지이동현황 조사계획에 따라 토지의 이동현황을 조사한 때에는 토지이동 조사부에 토지의 이동현황을 적어야 한다.

44 공간정보의 구축 및 관리 등에 관한 법률상 지번부여의 원칙에 관한 다음의 설명 중 틀린 것은?

① 신규등록 및 등록전환의 경우에는 그 지번부여지역에서 인접토지의 본번에 부번을 붙여서 지번을 부여한다.

② 분할되는 토지 중 1필지는 분할 전의 지번으로 하고 나머지 토지는 해당 지번부여지역의 최종본번에 이어 본번으로 순차 부여한다.

③ 지적확정측량을 실시한 지역은 지적확정측량을 실시한 지역의 종전의 지번과 지적확정측량을 실시한 지역 밖에 있는 본번이 같은 지번이 있을 때에는 그 지번과 지적확정측량을 실시한 지역의 경계에 걸쳐 있는 지번을 제외한 해당 지역 내의 본번을 사용하여 부여한다.

④ 지번은 본번과 부번으로 구성하되, 본번과 부번 사이에 "-"표시로 연결하고 이 경우 "-"표시는 "의"라고 읽는다.

⑤ 지번은 아라비아숫자로 표기하되, 임야대장 및 임야도에 등록하는 토지의 지번은 숫자 앞에 "산"자를 붙인다.

45 공간정보의 구축 및 관리 등에 관한 법률상 지번에 관한 설명 중 틀린 것은?

① 지번변경을 하기 위하여 지적소관청은 시 · 도지사 또는 대도시시장에게 승인신청서를 제출하여야 한다.

② 분할되는 필지에 주거 · 사무실 등의 건축물이 있는 필지에 대해서는 분할 전의 지번을 우선하여 부여하여야 한다.

③ 합병의 경우에는 합병 대상 지번 중 선순위의 지번을 그 지번으로 하되, 본번으로 된 지번이 있을 때에는 본번 중 선순위의 지번을 합병 후의 지번으로 하여야 한다.

④ 도시개발사업 등이 준공되기 전에 지번을 부여하는 때에는 토지이용계획확인서에 따라서 하되, 지적확정측량을 실시한 지역의 지번부여방법을 준용한다.

⑤ 토지소유자가 합병 전의 필지에 주거 · 사무실 등의 건축물이 있어서 그 건축물이 위치한 지번을 합병 후의 지번으로 신청할 때에는 그 지번을 합병 후의 지번으로 부여하여야 한다.

46 공간정보의 구축 및 관리 등에 관한 법률상 지목에 대한 다음의 설명 중 **틀린** 것은?

① 토지대장과 임야대장에는 지목의 정식명칭과 코드번호를 함께 등록하며, 지적도와 임야도에는 부호로 표기하여야 한다.

② 여객자동차터미널, 자동차운전학원 및 폐차장 등 자동차와 관련된 독립적인 시설물을 갖춘 부지 또는 공항시설 및 항만시설부지는 '잡종지'로 한다.

③ 원상회복을 조건으로 돌을 캐내거나 흙을 파내는 곳으로 허가된 토지는 '잡종지'로 하지 아니한다.

④ 온수·약수·석유류 등을 일정한 장소로 운송하는 송수관·송유관 및 저장시설의 부지는 '광천지'로 한다.

⑤ 과수원 내에 있는 주거용 건축물의 부지는 '대'로 한다.

47 공간정보의 구축 및 관리 등에 관한 법률상 지목에 대한 다음 연결 중 **틀린** 것은?

① 물을 상시적으로 직접 이용하여 벼·연(蓮)·미나리·왕골 등의 식물을 주로 재배하는 토지 － 답

② 수림지(樹林地)·죽림지·암석지·자갈땅·모래땅·습지·황무지 － 임야

③ 저유소(貯油所) 및 원유저장소의 부지와 이에 접속된 부속시설물의 부지 － 주유소용지

④ 시설물의 부지 인근에 설치된 부설주차장 － 주차장

⑤ 전기 또는 수소 등의 판매를 위하여 일정한 설비를 갖춘 시설물의 부지 － 공장용지

48 공간정보의 구축 및 관리 등에 관한 법률상 지목의 연결이 **옳은** 것은?

① 연·왕골 등이 자생하는 배수가 잘 되지 아니하는 토지 － 답

② 교통 운수를 위하여 일정한 궤도 등의 설비와 형태를 갖추어 이용되는 토지와 이에 접속된 역사(驛舍) － 철도용지

③ 용수 또는 배수를 위하여 일정한 형태를 갖춘 인공적인 수로·둑 및 그 부속시설물의 부지 － 제방

④ 고속도로의 휴게소 부지 － 대

⑤ 학교용지 내에 있는 유적·고적·기념물 등을 보호하기 위하여 구획된 토지 － 사적지

49 공간정보의 구축 및 관리 등에 관한 법률상 다음 내용 중 **틀린** 것은?

① 토지의 지상경계는 둑, 담장이나 그 밖에 구획의 목표가 될 만한 구조물 및 경계 점표지 등으로 구분한다.

② 토지의 이동에 따라 지상경계를 새로 정한 경우에 지적소관청은 지상경계점등록 부를 작성·관리하여야 한다.

③ 지상경계점등록부에는 토지의 소재와 지번, 경계점 좌표(경계점좌표등록부 시행 지역에 한정한다), 경계점 위치 설명도 등을 등록한다.

④ 분할에 따른 지상 경계는 지상건축물을 걸리게 결정해서는 아니 된다.

⑤ 「국토의 계획 및 이용에 관한 법률」에 따른 도시·군 관리계획 결정고시와 지형 도면의 고시가 된 지역의 도시·군관리계획선에 따라 토지를 분할하는 경우에는 분할에 따른 지상경계를 지상건축물에 걸리게 결정할 수 없다.

50 공간정보의 구축 및 관리 등에 관한 법률상 지상경계의 결정기준에 관한 내용 중 **틀린** 것은? (단, 지상경계의 구획을 형성하는 구조물 등의 소유자가 다른 경우는 제외한다)

① 연접되는 토지 간에 높낮이 차이가 없는 경우에는 그 구조물 등의 중앙에 따른다.

② 연접되는 토지 간에 높낮이 차이가 있는 경우에는 그 구조물 등의 하단부에 따른다.

③ 도로·구거 등의 토지에 절토(땅깎기)된 부분이 있는 경우에는 그 경사면의 상단 부에 따른다.

④ 토지가 해면 또는 수면에 접하는 경우에는 최대만조위 또는 최대만수위가 되는 선에 따른다.

⑤ 공유수면매립지의 토지 중 제방 등을 토지에 편입하여 등록하는 경우에는 안쪽 어깨부분에 따른다.

51 지적공부에 등록하는 면적에 관한 설명 중 틀린 것은?

① 경계점좌표등록부에 등록된 토지의 면적이 0.05제곱미터인 경우에는 0.1제곱미터로 등록한다.

② 도면에 등록된 토지의 면적은 좌표면적계산법에 의하고, 경위의측량방법으로 측량된 토지의 면적은 전자면적측정기법에 의한다.

③ 임야도의 축척이 1/6000인 지역의 1필지 면적이 1제곱미터 미만일 때에는 1제곱미터로 한다.

④ 1/600 축척의 지적도에 등록된 토지의 면적이 778.549제곱미터인 경우 토지대장에는 778.5제곱미터로 등록된다.

⑤ 지목변경이나 지적현황측량, 경계복원측량이나 합병은 면적측정을 하는 경우에 해당하지 않는다.

52 세부측량시 필지마다 면적을 측정하여야 하는 경우가 <u>아닌</u> 것은?

① 등록전환을 하는 경우

② 지적공부의 복구를 하는 경우

③ 합병을 하는 경우

④ 축척변경을 하는 경우

⑤ 도시개발사업 등으로 인한 토지의 이동에 따라 토지의 표시를 새로 결정하는 경우

53 토지대장과 임야대장의 등록사항만으로 나열된 것은?

① 소재, 지번, 면적, 토지의 고유번호, 건축물 및 구조물의 위치

② 지목, 면적, 개별공시지가, 토지의 이동사유, 소유권의 지분

③ 소재, 지번, 지목, 면적, 개별공시지가, 토지 등급, 소유자의 성명, 도면의 번호

④ 부호 및 부호도, 토지의 고유번호, 도곽선과 그 수치, 지적도면의 색인도

⑤ 지목, 면적, 토지의 고유번호, 개별공시지가, 좌표, 축척

54 지적공부와 관련된 다음 설명 중 틀린 것은?
① 경계점좌표등록부에서는 소유자를 알 수 없다.
② 토지대장과 임야대장에서는 해당 토지가 등록된 도면의 축척을 알 수 없다.
③ 공유지연명부에서는 대지권의 비율을 알 수 없다.
④ 임야도에 등록되는 토지는 지적도에서는 (산)으로 표기하고 지번이나 지목 등의 정보는 일체 등록하지 않는다.
⑤ 소유자가 여러 명인 토지의 경우 토지대장이나 임야대장에서는 소유권 지분을 알 수 없다.

55 지적공부의 내용 중 틀린 것은?
① 건축물 및 구조물의 위치, 삼각점 및 지적기준점의 위치, 도곽선과 그 수치, 도면의 색인도는 지적도와 임야도의 등록사항이다.
② 경계점좌표등록부를 갖춰 두는 토지는 지적확정측량 또는 축척변경을 위한 측량을 실시하여 경계점을 좌표로 등록한 지역의 토지로 한다.
③ 경계점좌표등록부가 비치되는 지역은 지적도와 토지대장을 함께 비치한다.
④ 지적도의 도곽선은 가로 40cm, 세로 30cm로 하고, 도면의 윗방향은 항상 북쪽으로 한다.
⑤ 경계점좌표등록부를 갖춰두는 지역의 지적도에는 도곽선의 오른쪽 아래 끝에는 '좌표에 의해 측량을 할 수 없음'이라고 적어야 한다.

56 지적공부에 관한 다음의 내용 중에서 틀린 것은?
① 지적소관청은 해당 청사에 지적서고를 설치하고 그 곳에 지적공부(정보처리시스템을 통하여 기록·저장한 경우는 제외한다)를 영구히 보존하여야 한다.
② 지적소관청은 국토교통부장관의 승인을 받은 경우에는 지적공부를 반출할 수 있다.
③ 지적공부를 정보처리시스템을 통하여 기록·저장한 경우 관할 시·도지사, 시장·군수 또는 구청장은 그 지적공부를 지적정보관리체계에 영구히 보존하여야 한다.
④ 국토교통부장관은 지적공부의 효율적인 관리 및 활용을 위하여 지적정보 전담 관리기구를 설치·운영한다.
⑤ 국토교통부장관은 정보처리시스템에 의하여 기록·저장하여야 하는 지적공부가 멸실되거나 훼손될 경우를 대비하여 지적공부를 복제하여 관리하는 시스템을 구축하여야 한다.

57 다음 내용 중 **틀린** 것은?

① 지적공부의 공개신청 - 해당 지적소관청
② 정보처리시스템에 의하여 기록, 저장된 지적공부의 공개신청(지적도·임야도는 제외) - 특별자치시장, 시장·군수 ·구청장이나 읍·면·동의 장
③ 부동산종합공부의 공개신청 - 지적소관청이나 읍·면·동의 장
④ 부동산종합공부를 복제하여 관리하는 정보관리체계 구축 - 국토교통부장관
⑤ 지적공부의 반출사유 - 천재·지변 기타 이에 준하는 재난시

58 지적서고에 관한 내용으로 **틀린** 것은?

① 창문과 출입문은 2중으로 하되, 바깥쪽 문은 반드시 철제로 하고 안쪽 문은 곤충·쥐 등의 침입을 막을 수 있도록 철망 등을 설치하여야 한다.
② 열과 습도의 영향을 받지 아니하도록 내부공간을 넓게 하고 천장을 높게 설치하여야 한다.
③ 온도 및 습도 자동조절장치를 설치하고, 연중 평균온도는 섭씨 25±5도를, 연중평균습도는 65±5퍼센트를 유지하여야 한다.
④ 지적공부 보관상자는 벽으로부터 15센티미터 이상 띄워야 하며, 높이 10센티미터 이상의 깔판 위에 올려놓아야 한다.
⑤ 일람도·지번색인표 및 지적도면은 지번부여지역별로 도면번호순으로 보관하되, 각 장별로 보호대에 넣어야 한다.

59 부동산종합공부에 관한 내용으로 **틀린** 것은?

① 지적소관청은 부동산의 효율적 이용과 부동산과 관련된 정보의 종합적 관리·운영을 위하여 부동산종합공부를 관리·운영하고, 이를 별도로 복제하여 관리하는 정보관리체계를 구축하여야 한다.
② 지적소관청은 부동산종합공부의 정확한 등록 및 관리를 위하여 필요한 경우에는 등록사항을 관리하는 기관의 장에게 관련 자료의 제출을 요구할 수 있다.
③ 이 경우 자료의 제출을 요구받은 기관의 장은 특별한 사정이 없는 한 자료를 제공하여야 한다.
④ 부동산종합공부의 등록사항을 관리하는 기관의 장은 지적소관청에 상시적으로 관련 정보를 제공하여야 한다.
⑤ 토지소유자는 부동산종합공부의 등록사항에 잘못이 있음을 발견하면 등록사항을 관리하는 기관의 장에게 그 정정을 신청할 수 있다.

60 부동산종합공부의 등록사항이 <u>아닌</u> 것은?

① 지적공부에 등록되어 있는 토지의 표시와 소유자

② 건축물대장에 등록되어 있는 건축물의 표시와 소유자(건축물이 있는 경우)

③ 사업계획도에 있는 토지의 이용 및 규제에 관한 사항

④ 「부동산 가격공시에 관한 법률」에 따른 개별공시지가, 개별주택가격 및 공동주택 가격

⑤ 「부동산등기법」 제48조에 따른 부동산의 권리에 관한 사항

61 공간정보의 구축 및 관리 등에 관한 법령상 지적공부의 관리 등에 관한 설명으로 <u>틀린</u> 것은?

① 지적전산자료를 이용하려면 미리 관계 중앙행정기관의 심사를 받아야 하나 중앙 행정기관의 장, 그 소속 기관의 장 또는 지방자치단체의 장이 신청하는 경우에는 그러하지 아니하다.

② 시·도 단위의 지적전산자료를 이용하려는 자는 시·도지사 또는 지적소관청에 게 신청하여야 한다.

③ 시·군·구(자치구가 아닌 구를 포함한다) 단위의 지적전산자료를 이용하려는 자는 지적소관청에게 신청하여야 한다.

④ 토지소유자가 자기 토지에 대한 지적전산자료를 신청하거나, 토지소유자가 사망 하여 그 상속인이 피상속인의 토지에 대한 지적전산자료를 신청하거나, 「개인정 보 보호법」 제2조 제1호에 따른 개인정보를 제외한 지적전산자료를 신청하는 경 우 관계 중앙행정기관의 심사를 받지 아니한다.

⑤ 국토교통부장관은 지적공부를 과세나 부동산정책자료 등으로 활용하기 위하여 주민등록전산자료, 가족관계등록전산자료, 부동산등기전산자료 또는 공시지가전 산자료 등을 관리하는 기관에 그 자료를 요청할 수 있다.

62 지적공부의 복구자료가 <u>아닌</u> 것은?

① 등기사항증명서 등 등기사실증명서류
② 토지이동정리 결의서
③ 측량결과도
④ 지적정보관리체계에서 복제된 지적공부
⑤ 토지이용계획확인서

63 지적공부의 복구에 관한 설명 중 틀린 것은?

① 지적공부를 복구하려는 지적소관청(정보처리시스템을 통하여 기록·저장한 지적공부의 경우에는 시·도지사, 시장·군수 또는 구청장)은 소유자의 신청 여부와 관계없이 지체 없이 복구하여야 한다.
② 복구자료도에 따라 측정한 면적과 지적복구자료조사서의 조사된 면적의 증감이 허용범위 이내이면 조사된 면적을 복구면적으로 결정한다.
③ 복구측량의 결과가 복구자료와 부합하지 않으면 토지소유자 및 이해관계인의 동의를 받아 경계 또는 면적을 조정할 수 있다.
④ 지적공부를 복구한 지적소관청은 시·군·구 게시판 및 인터넷 홈페이지에 15일 이상 게시하여야 하고, 게시기간 내에 이의신청을 할 수 있다.
⑤ 대장은 복구되고 도면이 복구되지 아니한 토지가 축척변경 시행지역이나 도시개발사업 등의 시행지역에 편입된 때에는 도면을 복구하지 아니할 수 있다.

64 토지이동에 관한 다음 설명 중 틀린 것은?

① 소유자의 변경등록은 토지이동이 아니다.
② 신규등록의 경우 토지소유자는 지적소관청이 직접 조사하여 결정한다.
③ 신규등록을 하거나 소유자의 변경등록을 한 경우에는 등기촉탁의 대상이 아니다.
④ 토지소유자는 신규등록할 토지가 있으면 그 사유가 발생한 날부터 60일 이내에 지적소관청에 신규등록을 신청하여야 한다.
⑤ 신규등록을 신청할 때 첨부해야 할 서류를 해당 지적소관청이 관리하는 경우에는 국토교통부장관의 확인으로 그 서류의 제출을 갈음할 수 있다.

65 등록전환에 관한 다음 설명 중 틀린 것은?

① 토지소유자는 등록전환할 토지가 있으면 그 사유가 발생한 날부터 60일 이내에 지적소관청에 등록전환을 신청하여야 한다.

② 대부분의 토지가 등록전환되어 나머지 토지를 임야도에 계속 존치하는 것이 불합리한 경우에는 등록전환을 신청하여야 한다.

③ 「건축법」에 따른 건축허가·신고가 된 토지는 90일 이내에 등록전환을 신청하여야 한다.

④ 임야도에 등록된 토지가 사실상 형질변경되었으나 지목변경을 할 수 없는 경우에는 등록전환의 대상토지이다.

⑤ 임야대장의 면적과 등록전환될 면적의 차이가 허용범위 이내인 경우 등록전환될 면적을 등록선환 면적으로 결정하고, 허용범위를 초과하는 경우는 임야대장의 면적 또는 임야도의 경계를 지적소관청이 직권으로 정정하여야 한다.

66 토지이동에 대한 다음 내용 중 틀린 것은?

① 「국토의 계획 및 이용에 관한 법률」 등 관계 법령에 따른 토지의 형질변경 등의 공사가 준공된 경우에는 지목변경을 신청할 수 있다.

② 건축물의 용도가 변경된 경우에는 지목변경을 신청할 수 있다.

③ 개발행위허가·농지전용허가·보전산지전용허가 등 지목변경과 관련된 규제를 받지 아니하는 토지의 지목변경신청에는 첨부서류를 제공하여야 한다.

④ 지목변경을 신청할 때 첨부해야 할 서류를 해당 지적소관청이 관리하는 경우에는 지적소관청의 확인으로 그 서류의 제출을 갈음할 수 있다.

⑤ 지목변경은 그 사유가 발생한 날로부터 60일 이내에 신청하여야 하며, 기간 내에 신청하지 아니하여도 과태료 등 벌칙은 없다.

67 공간정보의 구축 및 관리에 관한 법령상 분할에 관한 다음 설명 중 틀린 것은?

① 소유권이전, 매매 등을 위하여 필요한 경우 분할을 신청할 수 있다.

② 토지이용상 불합리한 지상 경계를 시정하기 위한 경우 분할을 신청할 수 있다.

③ 지적공부에 등록된 1필지의 일부가 형질변경 등으로 용도가 변경된 경우에는 용도가 변경된 날부터 60일 이내에 지적소관청에 토지의 분할을 신청하여야 한다.

④ 토지를 분할하는 경우에는 새로이 측량하여 경계와 면적을 정하여야 한다.

⑤ 분할 전후 면적의 차이가 허용범위를 초과하는 경우에는 그 오차를 분할 후의 각 필지의 면적에 따라 나누어야 한다.

68 토지이동에 관한 다음 내용 중 틀린 것은?

① 합병의 경우 지적측량을 하지 않으므로 면적은 합병 전 토지 면적을 합산하여 결정한다.

② 합병하려는 토지 전부에 대하여 등기사항이 동일한 신탁등기가 있는 경우에는 합병할 수 있다.

③ 합병하려는 토지의 소유자별 공유지분이 다른 경우에는 합병할 수 없다.

④ 합병하려는 토지 전부에 등기원인과 그 연월일, 접수번호가 동일한 저당권이 있는 경우에는 합병할 수 있다.

⑤ 합병하려는 토지에 등기원인과 그 연월일, 접수번호가 동일한 가압류등기가 있는 경우에는 합병할 수 있다.

69 바다로 된 토지의 등록말소에 대한 다음 내용 중 **틀린** 것은?

① 지적소관청은 지적공부에 등록된 토지가 지형의 변화 등으로 바다로 된 경우로 서 원상으로 회복될 수 없는 경우에는 지적공부에 등록된 토지소유자에게 지적 공부의 등록말소 신청을 하도록 통지하여야 한다.

② 토지소유자는 지적소관청의 통지를 받은 날부터 90일 이내에 지적소관청에 등록 말소신청을 하여야 한다.

③ 토지소유자가 통지를 받은 날부터 90일 이내에 등록말소 신청을 하지 아니하면 국토교통부장관이 직권으로 그 지적공부의 등록사항을 말소하여야 한다.

④ 지적소관청은 말소한 토지가 지형의 변화 등으로 다시 토지가 된 경우에는 그 지 적측량성과 및 등록말소 당시의 지적공부 등 관계 자료에 따라 토지로 회복등록 을 할 수 있다.

⑤ 지적공부의 등록사항을 말소하거나 회복등록하였을 때에는 그 정리 결과를 토지 소유자 및 해당 공유수면의 관리청에 통지하여야 한다.

70 축척변경에 관한 다음의 내용 중 **틀린** 것은?

① 축척변경은 작은 축척의 지적도를 큰 축척의 지적도로 변경하는 토지이동이므로 임야도에서는 축척변경을 하지 않는다.

② 하나의 지번부여지역에 서로 다른 축척의 지적도가 있을 때 축척변경을 할 수 있다.

③ 지적소관청이 축척변경을 하려면 축척변경 시행지역의 토지소유자 2분의 1 이상 의 동의를 받아 축척변경위원회의 의결을 거친 후 시·도지사 또는 대도시 시장 의 승인을 받아야 한다.

④ 지적소관청은 축척변경에 관한 측량을 완료하였을 때에는 시행공고일 현재의 지 적공부상의 면적과 측량 후의 면적을 비교하여 그 변동사항을 표시한 축척변경 지번별 조서를 작성하여야 한다.

⑤ 토지소유자가 축척변경을 신청하는 경우에는 토지소유자 2/3이상의 동의서를 제 출하여야 한다.

71 축척변경과 관련한 절차에 대한 다음 설명 중 틀린 것은?

① 지적소관청은 시·도지사 또는 대도시 시장으로부터 축척변경 승인을 받았을 때에는 지체 없이 20일 이상 공고하여야 한다.

② 축척변경 시행지역의 토지소유자 또는 점유자는 시행공고가 된 날부터 30일 이내에 시행공고일 현재 점유하고 있는 경계에 경계점표지를 설치하여야 한다.

③ 청산금의 수령통지를 한 날부터 6개월 이내에 청산금을 지급하여야 하는데 지급받을 자가 행방불명 등으로 받을 수 없거나 받기를 거부할 때에는 그 청산금을 공탁할 수 있다.

④ 청산금을 산정하기 위한 지번별 제곱미터당 금액은 지적소관청이 시행공고일 현재를 기준으로 조사하여 축척변경위원회에 제출하여야 한다.

⑤ 청산금의 결정공고는 20일 이상 하여야 한다.

72 공간정보의 구축 및 관리에 관한 법령상 축척변경절차에 관한 다음 내용 중 틀린 것은?

① 지적소관청은 축척변경 시행지역의 각 필지별 지번·지목·면적·경계 또는 좌표를 새로 정하여야 한다.

② 지적소관청이 축척변경을 위한 측량을 할 때에는 토지소유자 또는 점유자가 설치한 경계점표지를 기준으로 새로운 축척에 따라 면적·경계 또는 좌표를 정하여야 한다.

③ 지적소관청은 축척변경 시행기간 중에는 축척변경 시행지역의 지적공부정리와 경계복원측량(경계점표지의 설치를 위한 경계복원측량은 제외한다)을 축척변경 확정공고일까지 정지하여야 한다. 다만, 축척변경위원회의 의결이 있는 경우에는 그러하지 아니하다.

④ 토지소유자 전원이 청산하지 아니하기로 합의하여 서면으로 제출한 경우에는 증감면적에 대하여 청산하지 아니한다.

⑤ 지적소관청은 청산금을 산정하였을 때에는 청산금 조서(축척변경 지번별 조서에 필지별 청산금 명세를 적은 것을 말한다)를 작성하고, 청산금이 결정되었다는 뜻을 20일 이상 공고하여 일반인이 열람할 수 있게 하여야 한다.

73 축척변경에 관한 다음 내용 중 틀린 것은?

① 축척변경에 관한 사항을 심의·의결하기 위하여 지적소관청에 축척변경위원회를 둔다.

② 지적소관청은 축척변경 시행지역의 각 필지별 지번·지목·면적·경계 또는 좌표를 새로 정하여야 한다.

③ 지적소관청은 청산금의 결정을 공고한 날부터 20일 이내에 토지소유자에게 청산금의 납부고지 또는 수령통지를 하여야 한다.

④ 청산금의 납부고지를 받은 자는 그 고지를 한 날부터 6개월 이내에 청산금을 지적소관청에 내야 한다.

⑤ 토지소유자 전원이 청산하지 아니하기로 합의하여 서면으로 제출한 경우에는 면적증감에 대하여 청산하지 아니한다.

74 축척변경위원회에 관한 내용 중 틀린 것은?

① 축척변경위원회는 5명 이상 10명 이하의 위원으로 구성하되, 위원의 3분의 2 이상을 토지소유자로 하여야 한다.

② 축척변경 시행지역의 토지소유자가 5명 이하일 때에는 토지소유자 전원을 위원으로 위촉하여야 한다.

③ 위원장은 위원 중에서 지적소관청이 지명한다.

④ 위원은 해당 축척변경 시행지역의 토지소유자로서 지역 사정에 정통한 사람 또는 지적에 관하여 전문지식을 가진 사람 중에서 지적소관청이 위촉한다.

⑤ 위원장은 축척변경위원회의 회의를 소집할 때에는 회의일시·장소 및 심의안건을 회의 개최 5일 전까지 각 위원에게 서면으로 통지하여야 한다.

75 도시개발사업 등에 따른 토지이동에 관한 설명 중에서 틀린 것은?

① 도시개발사업 등에 따른 토지이동의 신청은 해당 사업시행자나 토지소유자가 하여야 한다.

② 사업의 착수 또는 변경신고가 된 토지소유자가 해당토지의 이동을 원하는 경우 해당 사업시행자에게 그 토지의 이동을 신청하도록 요청하여야 한다.

③ 도시개발사업 등에 따른 토지의 이동은 토지의 형질변경 등의 공사가 준공된 때에 이루어진 것으로 본다.

④ 도시개발사업 등 각종의 토지개발사업의 시행자는 그 사업의 착수·변경 및 완료사실을 사유발생일 부터 15일 이내에 지적소관청에 하여야 한다.

⑤ 도시개발사업 등에 따른 토지의 이동 신청은 그 신청대상지역이 환지를 수반하는 경우에는 사업완료 신고로써 이에 갈음할 수 있다.

76 지적소관청이 등록사항을 직권으로 정정할 수 <u>없는</u> 것은?

① 등기소에서 합필등기신청의 각하통지가 온 경우(지적소관청의 착오로 잘못 합병된 경우)

② 지적공부의 작성 또는 재작성 당시 잘못 정리된 경우

③ 지적공부의 등록사항이 토지이동현황조사계획의 내용과 다르게 정리된 경우

④ 지적도 및 임야도에 등록된 필지가 면적의 증감없이 경계의 위치만 잘못된 경우

⑤ 지적측량적부심사에 대한 지적위원회의 심의·의결에 따른 의결서의 사본을 송부받아 고치는 경우

77 공간정보의 구축 및 관리 등에 관한 법령상 등록사항의 정정에 관한 다음 내용 중 틀린 것은?

① 토지소유자는 지적공부의 등록사항에 잘못이 있음을 발견하면 지적측량수행자에게 그 정정을 신청할 수 있다.

② 지적도 및 임야도에 등록된 필지가 경계의 위치가 잘못되어 있더라도 면적의 증감이 있다면 직권으로 정정할 수 없다.

③ 정정으로 인접 토지의 경계가 변경되는 경우에는 인접 토지소유자의 승낙서 또는 이에 대항할 수 있는 확정판결서 정본을 지적소관청에 제출하여야 한다.

④ 경계 또는 면적의 변경을 가져오는 정정 신청을 하는 토지소유자는 등록사항 정정 측량성과도를 지적소관청에 제출하여야 한다.

⑤ 지적공부의 등록사항 중 경계나 면적 등 측량을 수반하는 토지의 표시가 잘못된 경우에는 지적소관청은 그 정정이 완료될 때까지 지적측량을 정지시킬 수 있다.

78 소유자에 관한 다음 내용 중 틀린 것은?

① 지적소관청이 토지소유자에 관한 사항을 정리하거나 정정하는 경우에는 등기필증, 등기완료통지서, 등기사항증명서 또는 등기관서에서 제공한 등기전산정보자료에 따라 하여야 한다.

② 소유자의 성명이나 명칭, 주소 또는 주민등록번호 등이 잘못 기록되어 정정할 때 미등기토지인 경우에는 가족관계 기록사항에 관한 증명서에 따라 정정하여야 한다.

③ 지적공부를 복구할 때의 소유자는 부동산등기부를 기초로 하며, 미등기부동산의 소유자를 복구할 때에는 가족관계기록사항에 관한 증명서를 기초로 한다.

④ 등록사항 정정 대상토지에 대한 대장을 열람하게 하거나 등본을 발급하는 때에는 "등록사항 정정 대상토지"라고 적은 부분을 흑백의 반전(反轉)으로 표시하거나 붉은색으로 적어야 한다.

⑤ 등기부에 적혀 있는 토지의 표시가 지적공부와 일치하지 아니하면 소유권정리를 할 수 있다.

79 다음 내용 중 틀린 것은?

① 지적소관청이 직권으로 지적공부를 정리한 경우에는 지적정리의 통지를 하여야 한다.

② 신규등록을 한 경우에는 등기촉탁을 하지 아니한다.

③ 지적정리의 통지를 받을 자의 주소나 거소를 알지 못하는 경우에는 일간신문, 해당 시·군·구의 공보 또는 인터넷 홈페이지에 공고하여야 한다.

④ 토지표시에 관한 변경등기가 필요하지 아니한 경우에는 지적공부에 등록한 날부터 15일 이내에 통지하여야 한다.

⑤ 토지표시에 관한 변경등기가 필요한 경우에는 그 등기완료통지서를 접수한 날부터 15일 이내에 토지소유자에게 통지하여야 한다.

80 지적측량에 관한 다음 내용 중 틀린 것은?

① 지적측량의 의뢰는 토지소유자나 이해관계인이 지적소관청이나 지적측량수행자에게 의뢰하여야 한다.

② 검사측량과 지적재조사측량은 소유자 등이 의뢰할 수 있는 측량이 아니다.

③ 지적측량수행자가 지적측량 의뢰를 받은 때에는 측량기간, 측량일자 및 측량 수수료 등을 적은 지적측량 수행계획서를 그 다음 날까지 지적소관청에 제출하여야 한다.

④ 제출한 지적측량 수행계획서를 변경한 경우에도 위와 같다.

⑤ 지적측량 의뢰인과 지적측량수행자가 서로 합의하여 따로 기간을 정하는 경우에는 그 기간에 따르되, 전체 기간의 4분의 3은 측량기간으로, 전체 기간의 4분의 1은 측량검사기간으로 본다.

81 다음 내용 중 틀린 것은?

① 지적측량수행자가 검사측량을 할 수는 없다.

② 지적현황측량과 경계복원측량은 검사측량의 대상이 아니다.

③ 지적삼각점측량성과와 국토교통부장관이 고시하는 면적 이상의 지적확정측량성과는 국토교통부장관이 검사한다.

④ 지적삼각점측량성과는 시·도지사 또는 대도시 시장에게 열람청구를 하여야 한다.

⑤ 지적삼각보조점측량성과와 지적도근점측량성과는 지적소관청에게 열람청구를 하여야 한다.

82 다음 ( )안에 들어갈 바른 내용은?

> ㉠ 지적측량 적부심사청구를 받은 시·도지사는 ( )일 이내에 지방지적위원회에 회부하여야 한다.
> ㉡ 지적측량 적부심사청구를 회부받은 지방지적위원회는 그 심사청구를 회부받은 날부터 ( )일 이내에 심의·의결하여야 한다.
> ㉢ 부득이한 경우에는 그 심의기간을 해당 지적위원회의 의결을 거쳐 ( )일 이내에서 한 번만 연장할 수 있다.
> ㉣ 지방지적위원회는 지적측량 적부심사를 의결하였으면 위원장과 참석위원 전원이 서명 및 날인한 지적측량 적부심사 의결서를 ( ) 시·도지사에게 송부하여야 한다.
> ㉤ 시·도지사는 지방지적위원회의 의결서를 받은 날부터 ( )일 이내에 지적측량 적부심사 청구인 및 이해관계인에게 그 의결서를 통지하여야 한다.
> ㉥ 지방지적위원회의 의결서를 받은 자가 지방지적위원회의 의결에 불복하는 경우에는 그 의결서를 받은 날부터 ( )일 이내에 국토교통부장관을 거쳐 중앙지적위원회에 재심사를 청구할 수 있다.

① ㉠ 30 ㉡ 60 ㉢ 30 ㉣ 지체 없이 ㉤ 7 ㉥ 90
② ㉠ 30 ㉡ 60 ㉢ 60 ㉣ 15일 이내 ㉤ 10 ㉥ 60
③ ㉠ 60 ㉡ 30 ㉢ 60 ㉣ 지체 없이 ㉤ 7 ㉥ 60
④ ㉠ 20 ㉡ 30 ㉢ 20 ㉣ 지체 없이 ㉤ 5 ㉥ 90
⑤ ㉠ 20 ㉡ 30 ㉢ 15 ㉣ 7일 이내 ㉤ 5 ㉥ 30

83 중앙지적위원회에 관한 다음 내용 중 틀린 것은?

① 중앙지적위원회는 관계인을 출석하게 하여 의견을 들을 수 있으며, 필요하면 현지조사를 할 수 있다.

② 중앙지적위원회가 현지조사를 하려는 경우에는 관계 공무원을 지정하여 현지조사를 하고 그 결과를 보고하게 할 수 있으며, 필요할 때에는 지적측량수행자에게 그 소속 지적기술자를 참여시키도록 요청할 수 있다.

③ 위원장과 부위원장을 포함한 위원의 수는 5명 이상 10명 이하이고, 위원장과 부위원장을 제외한 위원의 임기는 5년이다.

④ 중앙지적위원회의 회의는 재적위원 과반수의 출석으로 개의하고, 출석위원 과반수의 찬성으로 의결한다.

⑤ 위원장이 회의를 소집할 때에는 회의일시와 장소 및 심의 안건을 회의 5일전까지 각 위원에게 서면으로 통지하여야 한다.

84 지적위원회의 설명 중 틀린 것은?

① 지방지적위원회는 지적측량적부심사에 대한 심의 · 의결과 지적기술자의 양성에 대한 심의 · 의결을 한다.

② 중앙지적위원회는 지적측량적부심사에 대한 재심사에 대하여 심의 · 의결을 한다.

③ 중앙지적위원회는 지적 관련 정책 개발 및 업무 개선 등에 관한 사항에 대한 심의 · 의결을 한다.

④ 중앙지적위원회는 지적측량기술의 연구 · 개발 및 보급에 관한 사항에 대한 심의 · 의결을 한다.

⑤ 중앙지적위원회는 지적기술자의 업무정지 처분 및 징계요구에 관한 사항에 대한 심의 · 의결을 한다.

01 등기에 관한 설명으로 옳은 것을 모두 고른 것은?

> ㉠ 1동 건물의 표제부와 규약상 공용부분의 등기기록은 표제부만 둔다.
> ㉡ 1동의 건물을 구분한 건물의 경우, 1동의 건물에 속하는 전부에 대하여 1개의 등기기록을 둔다.
> ㉢ 구분건물에 대한 등기사항증명서의 발급에 관하여는 1동의 건물의 표제부와 해당 전유부분에 관한 등기기록을 1개의 등기기록으로 본다.
> ㉣ 등기신청은 반드시 관할 등기소에 하여야 하며, 관할을 위반한 등기는 실행되더라도 절대무효이다.
> ㉤ 등기사항증명서 발급이나 열람 신청시 공동담보목록은 그 신청이 있는 경우에만 등기사항증명서에 포함하여 발급하거나 열람한다.
> ㉥ 폐쇄등기부도 등기사항증명서의 발급이나 열람을 할 수 있으며 잘못된 내용은 변경하거나 경정할 수 있다.

① ㉠㉡㉢
② ㉣㉤㉥
③ ㉠㉡㉢㉤
④ ㉠㉡㉢㉤㉥
⑤ ㉠㉡㉢㉣㉤

02 등기에 관한 다음 내용 중 틀린 것은?

① 매매를 원인으로 하는 소유권이전등기가 마쳐지면 그 때부터 부동산에 대한 소유권을 취득한다.
② '대지권에 대한 등기로서 효력이 있는 등기'와 '대지권의 목적인 토지의 등기기록 중 해당 구에 한 등기'의 순서는 접수번호에 따른다.
③ 같은 주등기에 관한 부기등기 상호간의 순위는 그 등기 순서에 따른다.
④ 가등기를 한 후 본등기의 신청이 있을 때에는 가등기의 순위번호를 사용하여 본등기를 하여야 한다.
⑤ 등기의 순서는 등기기록 중 같은 구(區)에서 한 등기 상호간에는 순위번호에 따르고, 다른 구에서 한 등기 상호간에는 접수번호에 따른다.

03 등기의 효력에 관한 다음 내용 중 **틀린** 것은?

① 소유권이전등기가 경료되어 있는 경우, 그 등기의 명의자는 그 전(前)소유자에 대해서도 적법한 등기원인에 의하여 소유권을 취득한 것으로 추정된다.

② 등기된 권리만이 아니라 등기원인에 대하여도 적법성이 추정된다.

③ 저당권설정등기가 있으면 저당권의 존재는 물론 피담보채권의 존재까지도 추정된다.

④ 소유권보존등기도 추정력이 있으므로 직전권리자가 양도사실을 부인하여도 보존등기의 추정력은 인정된다.

⑤ 사망자나 허무인 명의의 등기는 추정력이 인정되지 않는다.

04 부동산등기법상 다음 중 등기의 당사자능력이 인정되는 것을 모두 고른 것은?

㉠ 외국인	㉡ 영·유아
㉢ 태아	㉣ 국가
㉤ 지방자치단체	㉥ 법인 아닌 사단
㉦ 법인 아닌 재단	㉧ 사립대학
㉨ 행정조직인 읍·면	㉩ 법인 아닌 사단의 실질을 갖춘 동·리
㉪ 민법상 조합	

① ㉠㉣㉥㉧

② ㉣㉤㉥㉧㉪

③ ㉠㉡㉣㉤㉥㉨

④ ㉠㉡㉢㉣㉥㉦㉧

⑤ ㉠㉡㉣㉤㉥㉦㉩

05 절차법상 등기권리자와 등기의무자를 옳게 설명한 것을 모두 고른 것은?   제31회

> ㉠ 甲 소유로 등기된 토지에 설정된 乙 명의의 근저당권을 丙에게 이전하는 등기를
> 신청하는 경우, 등기의무자는 乙이다.
> ㉡ 甲에서 乙로, 乙에서 丙으로 순차로 소유권이전등기가 이루어졌으나 乙 명의의
> 등기가 원인무효임을 이유로 甲이 丙을 상대로 丙 명의의 등기 말소를 명하는 확
> 정판결을 얻은 경우, 그 판결에 따른 등기에 있어서 등기권리자는 甲이다.
> ㉢ 채무자 甲에서 乙로 소유권이전등기가 이루어졌으나 甲의 채권자 丙이 등기원인
> 이 사해행위임을 이유로 그 소유권이전등기의 말소판결을 받은 경우, 그 판결에
> 따른 등기에 있어서 등기권리자는 甲이다.

① ㉡   ② ㉢
③ ㉠, ㉡   ④ ㉠, ㉢
⑤ ㉡, ㉢

06 절차법상 등기권리자와 등기의무자를 옳게 설명한 것은?

① 근저당권의 채권최고액을 증액하는 변경등기를 신청할 때의 등기권리자는 근저
당권설정자이다.

② 甲 - 乙 - 丙 순으로 순차 매매계약이 된 상태에서 甲에서 乙로의 소유권이전등
기를 丙이 신청했을 때 등기권리자는 丙이다.

③ 甲이 乙에게 소유권 이전의 가등기를 한 후 소유권이 丙에게 이전되었을 때, 乙
이 가등기에 의한 소유권 이전의 본등기를 신청할 때는 丙이 등기의무자이다.

④ 甲이 乙에게 저당권설정등기를 한 후 소유권이 丙에게 이전되었을 때, 피담보채
권의 소멸로 저당권의 말소등기를 신청할 때는 甲 또는 丙이 등기권리자이다.

⑤ 甲이 소유권자일 때 乙의 저당권이 불법말소되고 소유권이 丙으로 이전되었을
때, 乙의 저당권말소회복등기를 신청할 때는 甲 또는 丙이 등기의무자이다.

07 단독으로 신청할 수 있는 등기는 모두 몇 개인가? (단, 판결에 의한 신청은 제외)

㉠ 지상권자가 그 부동산의 소유권을 취득한 경우에 하는 지상권의 말소등기
㉡ 전세금을 증액하는 전세권의 변경등기
㉢ 가등기가처분명령을 받아 가등기권리자가 신청하는 가등기
㉣ 포괄유증으로 인한 소유권이전등기
㉤ 신탁등기의 말소등기
㉥ 소유권보존등기의 말소등기
㉦ 수용을 원인으로 하는 소유권이전등기(관공서가 수용하는 경우는 제외)
㉧ 공유자의 지분포기로 인한 공유지분의 이전등기

---

① 4개   ② 5개
③ 6개   ④ 7개
⑤ 8개

08 판결에 의한 등기신청에 관한 다음 내용 중 틀린 것은?

① 공유물분할판결이 있으면 등기없이도 판결에 따른 소유권이 취득된다.
② 이행판결에 의해 승소한 등기권리자가 단독신청하지 않더라도 패소한 등기의무자가 단독신청할 수 없다.
③ 이행판결이나 인수를 명하는 판결이 있으면 승소한 등기권리자나 등기의무자가 단독신청할 수 있다.
④ 공유물분할판결이 있으면 승소한 자나 패소한 자가 모두 단독으로 공유물분할을 원인으로 한 지분이전등기를 신청할 수 있다.
⑤ 승소한 등기의무자가 단독신청하는 경우에는 등기필정보를 제공할 필요가 없다.

09 등기신청에 관한 다음의 내용 중 **틀린** 것은?

① 상속이나 법인의 합병, 포괄유증 등 포괄승계에 따른 등기는 등기권리자가 단독으로 신청한다.

② 일부 구분건물의 보존등기를 먼저 신청하는 사람은 다른 구분건물의 표시등기를 동시에 신청하여야 한다.

③ '甲'이 생전에 특정인에게 부동산을 증여한 후 그 소유권이전등기를 하지 아니하고 사망한 경우 상속인들은 수증자와 공동으로 '甲' 명의로부터 직접 수증자 명의로 소유권이전등기를 할 수 있다.

④ 가등기를 마친 후에 가등기의무자가 사망한 경우, 가등기의무자의 상속인은 상속등기를 할 필요가 없이 가등기권리자와 공동으로 본등기를 신청할 수 있다.

⑤ 멸실된 건물의 소유자인 등기명의인이 멸실 후 1개월 이내에 그 건물의 멸실등기를 신청하지 않는 경우, 그 건물대지의 소유자가 대위하여 멸실등기를 신청할 수 있다.

10 등기신청에 관한 다음 내용 중 **틀린** 것은?

① 대지권의 변경이나 소멸이 있는 경우에는 구분건물의 소유권의 등기명의인은 1동의 건물에 속하는 다른 구분건물의 소유권의 등기명의인을 대위하여 그 등기를 신청할 수 있다.

② 방문신청의 대리는 일반인도 할 수 있으나 전자신청의 대리는 자격자대리인만 할 수 있다.

③ 자격자대리인도 전자신청의 대리를 하기 위해서는 미리 사용자등록을 하여야 한다.

④ 등기신청은 자기계약 또는 쌍방대리로 할 수 있다.

⑤ 법인 아닌 사단의 등기는 그 대표자나 관리인이 그의 명의로 등기를 신청한다.

11 다음 내용 중 틀린 것은?

① 주소증명정보를 제공하여야 하는 자는 등기권리자이지만, 소유권이전등기를 신청하는 경우에는 등기의무자의 주소증명정보도 제공하여야 한다.

② 주민등록번호증명정보는 등기권리자의 것을 제공하여야 한다.

③ 외국인의 부동산등기용 등록번호는 체류지를 관할하는 지방출입국·외국인관서의 장이 부여한다.

④ 국내에 영업소나 사무소 설치등기 하지 않은 외국법인의 부동산등기용 등록번호는 주된 사무소 소재지를 관할하는 등기소의 등기관이 부여한다.

⑤ 주민등록번호가 없는 재외국민의 등록번호는 대법원 소재지 관할 등기소의 등기관이 부여한다.

12 등기필정보에 관한 다음 내용 중 틀린 것은?

① 등기관은 등기를 마치면 등기필정보를 등기권리자에게 통지한다.

② 등기필정보는 분실하거나 멸실된 경우에도 절대로 재교부되지 않는다.

③ 채권자가 등기권리자를 대위하여 신청한 경우 등기관은 등기필정보를 작성하지 아니하고 대위자인 채권자와 피대위자인 채무자에게 등기완료의 통지를 한다.

④ 국가나 지방자치단체가 등기권리자인 경우, 등기관은 등기필정보를 작성·통지하지 않는다.

⑤ 승소한 등기의무자가 단독으로 권리에 관한 등기를 신청하는 경우, 그의 등기필정보를 등기소에 제공해야 하며, 이때는 등기권리자에게 등기필정보를 작성하여 통지하여야 한다.

13 법인 아닌 사단이나 재단의 등기에 관한 다음 내용 중 틀린 것은?

① 법인 아닌 사단이나 재단은 대표자나 관리인이 그의 명의로 등기를 신청한다.

② 법인 아닌 사단이 등기의무자인 경우, 사원총회결의가 있었음을 증명하는 정보를 첨부정보로 제공하여야 한다.

③ 대표자의 주소 및 주민등록번호를 증명하는 정보를 첨부정보로 제공하여야 한다.

④ 법인 아닌 사단이나 재단이 직접 전자신청을 할 수는 없다.

⑤ 법인 아닌 사단이나 재단의 부동산등기용 등록번호는 시장·군수·구청장이 부여한다.

14 다음 중 등기가 가능한 것은?

① 일부 지분에 대한 소유권보존등기를 신청한 경우

② 공동상속인 甲과 乙 중 甲이 자신의 상속지분만에 대한 상속등기를 신청한 경우

③ 이미 보존등기되어 있는 부동산에 대하여 다시 보존등기를 신청한 경우

④ 가압류결정에 의하여 가압류채권자 甲이 乙소유 토지에 대하여 가압류등기를 신청한 경우

⑤ 공동상속인 중 일부가 상속인 전원명의의 상속등기를 신청한 경우

15 다음 중 등기신청의 각하사유인 것은 모두 몇 개인가?

ⓐ 甲소유 농지에 대하여 乙이 전세권설정등기를 신청한 경우

ⓑ 가등기가처분명령에 의하여 가등기권리자 甲이 乙소유 건물에 대하여 가등기신청을 한 경우

ⓒ 법령에 근거가 없는 특약사항의 등기를 신청한 경우

ⓓ 소유권이전등기를 이행하라는 판결 확정 후 10년이 지나서 하는 등기를 신청한 경우

ⓔ 유증을 원인으로 하는 소유권이전등기가 유류분을 침해한 경우

ⓕ 토지의 일부에 대한 저당권등기를 신청한 경우

ⓖ 甲이 가지는 1/2지분에 대하여 전세권설정등기를 신청한 경우

ⓗ 등기기록과 대장의 부동산표시가 일치하지 않는 등기를 관공서가 촉탁한 경우

① 1개   ② 2개   ③ 3개   ④ 4개   ⑤ 5개

16 다음 중 직권말소의 대상이 <u>아닌</u> 등기는?

① 합유지분의 이전등기가 된 경우

② 처분금지가처분등기가 된 부동산에 소유권이전등기가 된 경우

③ 주위토지통행권등기가 된 경우

④ 대지권등기가 된 구분건물만의 소유권이전등기가 된 경우

⑤ 건물 일부만의 소유권보존등기가 된 경우

17 다음의 등기에 관한 설명 중 **틀린** 것은?

① 부동산의 전부나 일부가 멸실한 경우에는 소유권자가 단독으로 멸실등기를 신청할 수 있다.

② 건물이 멸실한 경우 그 소유권의 등기명의인이 1개월 이내에 멸실등기를 신청하여야 한다.

③ 토지의 분할이나 합병이 있는 경우 소유권의 등기명의인은 그 사실이 있는 때로부터 1개월 이내에 그 등기를 신청하여야 한다.

④ 존재하지 아니하는 건물에 대한 등기가 있을 때 그 소유권의 등기명의인은 지체 없이 그 건물의 멸실등기를 신청하여야 한다.

⑤ 등기관이 합병제한 사유가 있음을 이유로 신청을 각하한 경우 지체 없이 그 사유를 대장 소관청에 알려야 한다.

18 보존등기에 관한 다음의 설명 중 옳은 것은?

① 소유권보존등기를 할 때에는 등기원인과 그 연월일을 기재하여야 한다.

② 보존등기신청인의 소유임을 확정하는 내용의 판결이면 소유권확인판결은 물론 형성판결이나 이행판결에 의하여도 보존등기의 신청이 가능하다.

③ 토지나 건물에 대하여 국가를 상대로 한 판결을 받아 보존등기신청이 가능하다.

④ 토지나 건물에 대하여 시장이나 군수 또는 (자치구의) 구청장을 상대로 판결을 받거나 확인을 받아 자기의 소유임을 증명하는 자는 보존등기의 신청이 가능하다.

⑤ 해당 부동산이 보존등기 신청인의 소유임을 이유로 소유권보존등기의 말소를 명한 판결로는 보존등기의 신청을 할 수 없다.

19 보존등기에 관한 다음 내용 중 <u>틀린</u> 것은?

① 등기관이 미등기토지에 관하여 법원의 촉탁에 따라 가압류등기를 할 때에는 직권으로 소유권보존등기를 하여야 한다.

② 미등기주택이나 상가건물에 대하여 임차권등기명령에 따른 임차권등기의 촉탁이 있는 경우에는 직권으로 보존등기를 한 후 임차권등기를 하여야 한다.

③ 건축물대장에 최초의 소유자로 등록되어 있는 자의 상속인은 직접 자기의 명의로 보존등기를 신청할 수 있다.

④ 건축물대장상 국가로부터 이전등록을 받은 자는 직접 자기의 명의로 보존등기를 신청할 수 있다.

⑤ 수용을 원인으로 소유권을 취득했음을 증명하는 자는 자기의 명의로 보존등기를 신청할 수 있다.

20 보존등기에 관한 다음 내용 중 <u>틀린</u> 것은?

① 보존등기는 소유권의 처분요건일 뿐 성립요건이 아니다.

② 규약상 공용부분을 규약폐지 후 취득한 자는 지체없이 소유권보존등기를 하여야 한다.

③ 압류의 촉탁은 직권 보존등기의 사유가 아니다.

④ 토지대장상 국가로부터 이전등록을 받은 자는 소유권보존등기를 할 수 있다.

⑤ 미등기건물에 대하여 강제경매개시결정등기의 촉탁을 받은 등기관은 소유자의 신청을 받아 소유권 보존등기를 한 후 경매등기를 하여야 한다.

21 공유등기에 관한 다음 내용 중 옳은 것은?

① 법인 아닌 사단 명의로의 소유권이전등기를 신청하는 경우에 대표자가 등기권리자이다.

② 부동산의 공유지분을 목적으로 하는 저당권을 설정할 수 없다.

③ 공유지분을 목적으로 하는 지상권등기는 할 수 있다.

④ 공유자 중 1인의 지분포기로 인한 소유권이전등기는 공유지분권을 포기하는 공유자가 단독으로 신청하여야 한다.

⑤ 공유부동산에 전세권을 설정할 경우, 그 등기기록에 기록된 공유자 전원이 등기의무자이다.

22 공동소유의 등기에 관한 다음 내용 중 틀린 것은?

① 공유자 전원의 합의로 공유를 합유로 하는 경우에는 변경등기를 하여야 한다.

② 공유물분할금지약정의 등기는 공유자 전원이 공동신청하여야 한다.

③ 등기된 공유물분할금지기간을 단축하는 약정에 관한 변경등기는 공유자 전원이 공동으로 신청하여야 한다.

④ 민법상 조합의 재산을 등기하는 경우에는 조합원 전원의 공유로 등기하여야 한다.

⑤ 공유지분의 이전청구권 가등기는 할 수 있으나, 공유지분의 보존등기는 할 수 없다.

23 합유에 관한 내용 중 틀린 것은?

① 합유등기를 신청하는 경우 합유지분은 기재하지 않고 합유라는 뜻을 기재하여야 한다.

② 민법상 조합이 부동산을 취득하는 경우 조합원 전원명의로 합유등기를 하여야 한다.

③ 잔존 합유자 전원의 동의를 받아 합유지분을 이전하는 경우에는 합유지분의 이전등기를 할 수 있다.

④ 2인의 합유자 중 1인이 사망한 경우, 잔존 합유자는 그의 단독소유로 합유명의인 변경등기신청을 할 수 있다.

⑤ 하나의 부동산에 대해 수탁자가 여러 명인 경우, 등기관은 그 신탁부동산이 합유인 뜻을 기록하여야 한다.

24 토지의 수용으로 인한 소유권이전등기에 대한 다음 내용 중 틀린 것은?

① 수용을 원인으로 하는 소유권이전등기는 단독으로 신청하는 것이 원칙이며, 관공서의 경우에는 촉탁한다.

② 수용재결의 실효로 인한 소유권이전등기의 말소등기는 단독신청한다.

③ 수용으로 인하여 직권말소되었던 등기는 재결이 실효되면 직권으로 회복한다.

④ 등기원인은 '토지 수용'으로, 등기원인일자는 '수용의 개시일'을 기록하고, 등기원인증서로는 '재결서' 또는 '협의성립확인서'를 제공하여야 한다.

⑤ 수용의 개시일에 소유권이전등기를 하지 않아도 권리변동의 효력이 생긴다.

25 수용으로 인한 소유권이전등기를 할 때 직권말소되는 등기는?

① 관할 토지수용위원회의 재결로 존속이 인정된 권리

② 수용개시일 이전의 상속을 원인으로 수용개시일 이후에 마쳐진 소유권이전등기

③ 근저당권의 실행으로 인하여 수용의 개시일 이전에 마쳐진 임의경매개시의 결정 등기

④ 수용개시일 이전에 마쳐진 소유권이전등기

⑤ 수용되는 부동산을 위하여 존재하는 지역권의 등기

26 소유권이전등기에 관한 다음 내용 중 틀린 것은?

① 환매권이전의 등기는 부기등기의 부기등기로 한다.

② 진정명의회복을 원인으로 하는 등기를 할 때 등기원인은 '진정명의회복'으로 기재하고, 등기원인일자는 기재하지 않는다.

③ 진정명의회복은 현재의 소유자와 공동신청할 수도 있고, 현재의 소유자를 상대로 판결을 받아 단독신청할 수도 있다.

④ 상속등기를 한 후 협의분할을 한 경우에는 이전에 행해진 상속지분을 협의에 따른 비율로 이전하는 소유권의 이전등기를 하여야 한다.

⑤ 진정명의회복을 원인으로 하는 소유권이전청구권의 가등기는 할 수 없다.

27 유증에 관한 다음 내용 중 틀린 것은?

① 공동신청하는 것이 원칙이다.

② 유언자가 생존 중인 경우에는 소유권이전청구권의 가등기도 할 수 없다.

③ 유증을 원인으로 한 소유권이전등기는 포괄유증이든 특정유증이든 모두 상속등기를 거친 후 신청하여야 한다.

④ 미등기부동산이 포괄유증된 경우 수증자는 직접 자신의 명의로 보존등기를 할 수 있다.

⑤ 상속등기가 이미 마쳐진 경우에는 상속등기를 말소할 필요 없이 상속인 명의에서 직접 수증자 명의로 이전등기를 할 수 있다.

28 신탁등기에 관한 설명 중 틀린 것은?

① 부동산의 신탁등기와 신탁등기의 말소등기는 수탁자가 단독으로 신청할 수 있으며 수익자나 위탁자는 수탁자를 대위하여 신탁등기나 신탁등기의 말소등기를 단독으로 신청할 수 있다.

② 수탁자가 여러 명인 경우 등기관은 신탁재산이 합유인 뜻을 기록하여야 한다.

③ 등기관이 권리의 이전 또는 보존이나 설정등기와 함께 신탁등기를 할 때에는 하나의 순위번호를 사용하여야 한다.

④ 신탁등기는 수탁자가 단독신청하며 해당 부동산에 관한 권리의 설정등기, 보존등기, 이전등기 또는 변경등기의 신청과 동시에 하여야 하므로, 대위신청하는 경우에는 동시신청하여야 한다.

⑤ 여러 개의 부동산을 일괄하여 신탁하는 경우에도 신탁원부는 부동산마다 별개로 등기관이 작성하여야 한다.

29 신탁등기에 관한 설명 중 틀린 것은?

① 신탁등기의 말소등기신청은 권리의 이전 또는 말소등기나 수탁자의 고유재산으로 된 뜻의 등기신청과 함께 1건의 신청정보로 일괄하여 해야 한다.

② 신탁재산이 수탁자의 고유재산이 되었을 때에는 그 뜻의 등기를 주등기로 하여야 한다.

③ 등기관이 신탁재산에 속하는 부동산에 관한 권리에 대하여 수탁자의 변경으로 인한 이전등기를 할 경우에 직권으로 그 부동산에 관한 신탁원부 기록의 변경등기를 하여야 한다.

④ 신탁변경의 재판을 한 경우 수탁자는 신탁원부 기록의 변경등기를 신청하여야 한다.

⑤ 법무부장관이 수탁자를 직권으로 해임한 경우 지체 없이 신탁원부 기록의 변경등기를 등기소에 촉탁하여야 한다.

30 등기에 대한 다음 내용 중 **틀린** 것은?

① 지상권설정등기를 할 때에는 지상권설정의 목적과 범위를 기록하여야 한다.

② 지역권설정등기를 할 때에는 지역권설정의 목적과 범위 및 요역지의 표시를 하여야 한다.

③ 전세권설정등기를 할 때에는 전세권설정의 기간과 범위 및 전세금을 기록하여야 한다.

④ 전세권설정등기를 신청할 때에 그 범위가 토지의 일부인 경우, 그 부분을 표시한 지적도면을 첨부정보로서 등기소에 제공하여야 하나, 건물의 특정층의 전부를 대상으로 할 때에는 도면을 제공할 필요가 없다.

⑤ 임차권설정등기를 신청할 때에는 임차권설정의 범위와 차임을 신청정보의 내용으로 제공하여야 한다.

31 권리의 등기에 대한 다음 내용 중 **틀린** 것은?

① 전세금반환채권의 일부 양도를 원인으로 하는 전세권 일부이전등기의 신청은 전세권 소멸의 증명이 없는 한, 전세권 존속기간 만료 전에는 할 수 없다.

② 전세금반환채권의 일부 양도를 원인으로 하는 전세권 일부이전등기를 신청할 때에는 양도액을 기록하여야 한다.

③ 전세금반환채권의 일부 양도를 원인으로 하는 전세권의 일부이전등기는 부기등기로 한다.

④ 지역권설정등기는 요역지를 관할하는 등기소에 신청하여야 한다.

⑤ 승역지의 등기기록에 하는 지역권의 등기는 신청에 의하고, 요역지의 등기기록에 하는 지역권의 등기는 직권으로 한다.

32 담보물권의 등기에 관한 다음 설명 중 **틀린** 것은?

① 저당권의 피담보채권이 금전채권이 아닌 경우에는 금전으로 환산한 평가액을 기록하여야 한다.

② 근저당권설정등기를 함에 있어 그 근저당권의 채권자 또는 채무자가 수인일 때에는 채권최고액을 채권자별로 또는 채무자별로 구분하여 기록하여야 한다.

③ 저당권의 이전등기는 부기등기로 하며, 신청정보에는 저당권이 채권과 같이 이전한다는 뜻을 기재하여야 한다.

④ 저당권으로 담보된 채권을 목적으로 하는 권리질권의 등기는 부기등기로 한다.

⑤ 근저당권의 피담보채권이 확정된 후에 그 피담보채권이 양도된 경우 확정채권양도를 원인으로 하는 근저당권이전등기를 신청할 수 있다.

33 등기에 관한 다음 설명 중 **틀린** 것은?

① 저당권의 목적부동산이 5개 이상인 때에는 공동담보목록을 등기관이 작성하여야 한다.

② 채권액과 채무자는 저당권등기를 할 때 반드시 기록하여야 한다.

③ 이자, 지연이자, 변제기는 근저당권등기에서는 기재할 사항이 아니다.

④ 공동저당의 대위등기는 주등기로 한다.

⑤ 공동저당의 대위등기는 피대위자인 선순위저당권자가 등기의무자, 대위자인 차순위저당권자가 등기권리자가 되어 공동신청한다.

34 권리의 변경등기와 경정등기에 관한 다음 내용 중 **틀린** 것은?

① 권리의 변경등기나 경정등기는 등기상 이해관계 있는 제3자의 승낙이 있으면 부기등기로, 승낙이 없으면 주등기로 하여야 한다.

② 권리자 '甲'을 '乙'로 경정하거나 전세권을 저당권으로 경정하는 등기는 할 수 없다.

③ 직권경정등기를 할 때 등기상 이해관계 있는 제3자가 있는 경우 등기관은 제3자의 승낙이 있어야 경정등기를 할 수 있다.

④ 등기관이 직권으로 경정등기를 하였을 때 등기권리자, 등기의무자 또는 등기명의인이 각 2인 이상인 경우에는 그 중 1인에게 통지하면 된다.

⑤ 권리의 변경등기나 경정등기를 할 때 등기상 이해관계있는 제3자가 없으면 주등기로 하여야 한다.

35 말소등기에 관한 다음 내용 중 **틀린** 것은?

① 말소등기는 언제나 주등기로 하고, 말소등기를 말소하여 회복할 수 있다.

② 말소등기에 대하여 등기상 이해관계 있는 제3자가 있는 경우에 그 제3자의 승낙이 없으면 말소등기를 할 수 없으며, 승낙한 제3자의 등기는 직권말소된다.

③ 甲·乙·丙 순으로 소유권이전등기가 된 경우 甲이 乙을 상대로 말소등기판결을 받아 乙명의의 소유권이전등기를 말소하고자 하는 때에 현재의 소유명의인 丙은 그 말소등기에 있어 등기상 이해관계인이 아니다.

④ 전세권등기를 말소하는 경우 그 전세권을 목적으로 하는 저당권자는 등기상 이해관계인이다.

⑤ 소유권보존등기를 말소하는 경우에는 등기부상 존재하는 모든 권리자가 등기상 이해관계인이다.

36 말소회복등기에 관한 다음 내용 중 **틀린** 것은?

① 회복등기청구는 그 등기 말소 당시의 소유자를 상대로 하여야 하며, 현재의 소유자를 상대로 하는 것이 아니다.

② 당사자가 자발적으로 말소등기를 한 경우에는 말소원인이 없는 등기가 말소되었더라도 회복등기를 할 수 없다.

③ 직권말소된 등기는 직권으로 회복되어야 하므로 당사자가 회복등기를 신청할 수 없다.

④ 甲 명의의 전세권설정등기가 불법말소된 후 乙 명의의 전세권등기가 마쳐진 경우, 甲 명의의 전세권설정등기를 회복함에 있어 乙은 등기상 이해관계인이다.

⑤ 말소회복등기에 대한 등기상 이해관계인이 존재할 때 그의 승낙이 없으면 회복등기를 할 수 없다.

37 부기등기에 대한 내용 중 **틀린** 것은?

① 주등기를 말소하면 부기등기는 직권말소되므로, 전세권이 말소될 때 전세권을 목적으로 하는 저당권자의 승낙이 있으면 그 저당권등기는 직권말소된다.

② 부기등기는 이미 등기된 권리의 순위유지를 위한 목적으로 행해지는 것이므로 표제부에는 부기등기를 할 수 없다.

③ 전세권등기는 주등기로 하고, 전전세권의 등기는 부기등기로 한다.

④ 전세권이전등기가 부적법하면 그 말소등기는 부기등기로 한다.

⑤ 가등기된 권리의 이전등기와 가등기된 권리의 이전청구권가등기는 부기등기로 한다.

38 다음 중 부기등기로 하는 것은 모두 몇 개인가?

> ㉠ 전세권등기
> ㉡ 전세권을 목적으로 하는 저당권등기
> ㉢ 전세권담보제공금지의 특약
> ㉣ 전세권에 대한 처분금지가처분의 등기
> ㉤ 전세권이전등기
> ㉥ 가등기된 권리의 이전등기
> ㉦ 부동산표시의 변경등기
> ㉧ 환매특약등기의 말소등기

① 3개   ② 4개
③ 5개   ④ 6개
⑤ 7개

39 다음 중 가능한 등기는 모두 몇 개인가?

> ㉠ 소유권보존등기의 가등기
> ㉡ 유언자 생존 중 신청한 유증 원인 소유권이전청구권의 가등기
> ㉢ 합유지분이전청구권의 가등기
> ㉣ 매매를 원인으로 한 소유권이전청구권의 가등기
> ㉤ 소유권이전청구권이 시기부 청구권일 경우 그 청구권보전을 위한 가등기
> ㉥ 가등기된 권리에 대한 처분금지 가처분의 등기
> ㉦ 가등기에 의한 본등기 금지 가처분의 등기
> ㉧ 아직 확정되지 아니하고 장래 확정될 청구권의 가등기

① 3개　　② 4개　　③ 5개　　④ 6개　　⑤ 7개

40 가등기에 관한 다음 내용 중 틀린 것은?

① 가등기가처분명령이 있으면 가등기를 단독신청할 수 있는 자는 가등기권리자이다.
② 가등기의무자의 승낙을 받아 가등기를 단독신청할 수 있는 자는 가등기권리자이다.
③ 가등기의무자는 가등기명의인의 승낙을 받아 가등기를 단독신청할 수 있다.
④ 가등기에 관해 등기상 이해관계 있는 자가 가등기명의인의 승낙을 받은 경우, 단독으로 가등기의 말소를 신청할 수 있다.
⑤ 가등기가처분명령은 부동산의 소재지를 관할하는 지방법원에 신청할 수 있다.

41 가등기에 관한 다음 내용 중 틀린 것은?

① 소유권이전청구권 가등기에 의하여 본등기를 한 경우 중간처분의 등기 중 가등기 전에 마쳐진 근저당권에 의한 임의경매개시결정등기는 직권말소하지 않는다.
② 소유권이전청구권 가등기에 의하여 본등기를 한 경우 중간처분의 등기 중 가등기 전에 마쳐진 가압류에 의한 강제경매개시결정의 등기는 직권말소한다.
③ 저당권설정등기청구권 보전의 가등기에 의하여 저당권설정의 본등기가 된 경우 가등기 후 본등기 전에 마쳐진 전세권등기는 직권말소의 대상이 되지 아니한다.
④ 지상권설정청구권의 가등기에 기하여 지상권의 본등기가 된 경우에 가등기 후 본등기 전에 마쳐진 지상권, 지역권, 전세권 또는 임차권의 설정등기는 직권말소된다.
⑤ 등기관이 가등기 이후의 등기를 말소하였을 때에는 지체 없이 그 사실을 말소된 권리의 등기명의인에게 통지하여야 한다.

42 이의신청에 관한 다음 내용 중 **틀린** 것은?

① 이의신청은 등기관의 처분이나 결정이 부당하면 할 수 있고 위법함을 요하지 않는다.

② 이의신청은 관할 지방법원에 하고, 이의신청서의 제출은 당해 등기소에 한다.

③ 새로운 사실이나 새로운 증거방법을 근거로 이의신청을 할 수 없고, 이의의 이익이 있는 한 언제라도 이의신청을 할 수 있다.

④ 이의신청이 이유없다고 판단한 등기관은 3일 이내 의견을 붙여 관할 지방법원에 보내야 한다.

⑤ 관할 지방법원은 이의신청에 대하여 결정한 후에 등기관에게 이의가 있다는 뜻의 가등기나 부기등기를 명령할 수 있다.

43 공간정보의 구축 및 관리 등에 관한 법령상 다음의 설명으로 **틀린** 것은?

① 국토교통부장관은 모든 토지에 대하여 필지별로 소재·지번·지목·면적·경계 또는 좌표 등을 조사·측량하여 지적공부에 등록하여야 한다.

② 지적공부에 등록하는 지번·지목·면적·경계 또는 좌표는 토지의 이동이 있을 때 토지소유자의 신청을 받아 지적소관청이 결정하되, 신청이 없으면 지적소관청이 직권으로 결정할 수 있다.

③ 지적소관청은 토지의 이동현황을 직권으로 조사·측량하여 토지의 지번·지목·면적·경계 또는 좌표를 결정하려는 때에는 토지이동현황 조사계획을 수립하여야 한다.

④ 토지이동현황 조사계획은 시·도별로 수립하되, 부득이한 사유가 있는 때에는 시·군·구별로 수립할 수 있다.

⑤ 지적소관청은 토지이동현황 조사계획에 따라 토지의 이동현황을 조사한 때에는 토지이동 조사부에 토지의 이동현황을 적어야 한다.

44 공간정보의 구축 및 관리 등에 관한 법률상 지번부여의 원칙에 관한 다음의 설명 중 틀린 것은?

① 신규등록 및 등록전환의 경우에는 그 지번부여지역에서 인접토지의 본번에 부번을 붙여서 지번을 부여한다.

② 분할되는 토지 중 1필지는 분할 전의 지번으로 하고 나머지 토지는 해당 지번부여지역의 최종본번에 이어 본번으로 순차 부여한다.

③ 지적확정측량을 실시한 지역은 지적확정측량을 실시한 지역의 종전의 지번과 지적확정측량을 실시한 지역 밖에 있는 본번이 같은 지번이 있을 때에는 그 지번과 지적확정측량을 실시한 지역의 경계에 걸쳐 있는 지번을 제외한 해당 지역 내의 본번을 사용하여 부여한다.

④ 지번은 본번과 부번으로 구성하되, 본번과 부번 사이에 "−"표시로 연결하고 이 경우 "−" 표시는 "의"라고 읽는다.

⑤ 지번은 아라비아숫자로 표기하되, 임야대장 및 임야도에 등록하는 토지의 지번은 숫자 앞에 "산"자를 붙인다.

45 공간정보의 구축 및 관리 등에 관한 법률상 지번에 관한 설명 중 틀린 것은?

① 지번변경을 하기 위하여 지적소관청은 시·도지사 또는 대도시시장에게 승인신청서를 제출하여야 한다.

② 분할되는 필지에 주거·사무실 등의 건축물이 있는 필지에 대해서는 분할 전의 지번을 우선하여 부여하여야 한다.

③ 합병의 경우에는 합병 대상 지번 중 선순위의 지번을 그 지번으로 하되, 본번으로 된 지번이 있을 때에는 본번 중 선순위의 지번을 합병 후의 지번으로 하여야 한다.

④ 도시개발사업 등이 준공되기 전에 지번을 부여하는 때에는 토지이용계획확인서에 따라서 하되, 지적확정측량을 실시한 지역의 지번부여방법을 준용한다.

⑤ 토지소유자가 합병 전의 필지에 주거·사무실 등의 건축물이 있어서 그 건축물이 위치한 지번을 합병 후의 지번으로 신청할 때에는 그 지번을 합병 후의 지번으로 부여하여야 한다.

46 공간정보의 구축 및 관리 등에 관한 법률상 지목에 대한 다음의 설명 중 틀린 것은?

① 토지대장과 임야대장에는 지목의 정식명칭과 코드번호를 함께 등록하며, 지적도와 임야도에는 부호로 표기하여야 한다.

② 여객자동차터미널, 자동차운전학원 및 폐차장 등 자동차와 관련된 독립적인 시설물을 갖춘 부지 또는 공항시설 및 항만시설부지는 '잡종지'로 한다.

③ 원상회복을 조건으로 돌을 캐내거나 흙을 파내는 곳으로 허가된 토지는 '잡종지'로 하지 아니한다.

④ 온수·약수·석유류 등을 일정한 장소로 운송하는 송수관·송유관 및 저장시설의 부지는 '광천지'로 한다.

⑤ 과수원 내에 있는 주거용 건축물의 부지는 '대'로 한다.

47 공간정보의 구축 및 관리 등에 관한 법률상 지목에 대한 다음 연결 중 틀린 것은?

① 물을 상시적으로 직접 이용하여 벼·연(蓮)·미나리·왕골 등의 식물을 주로 재배하는 토지 − 답

② 수림지(樹林地)·죽림지·암석지·자갈땅·모래땅·습지·황무지 − 임야

③ 저유소(貯油所) 및 원유저장소의 부지와 이에 접속된 부속시설물의 부지 − 주유소용지

④ 시설물의 부지 인근에 설치된 부설주차장 − 주차장

⑤ 전기 또는 수소 등의 판매를 위하여 일정한 설비를 갖춘 시설물의 부지 − 공장용지

48 공간정보의 구축 및 관리 등에 관한 법률상 지목의 연결이 옳은 것은?

① 연·왕골 등이 자생하는 배수가 잘 되지 아니하는 토지 − 답

② 교통 운수를 위하여 일정한 궤도 등의 설비와 형태를 갖추어 이용되는 토지와 이에 접속된 역사(驛舍) − 철도용지

③ 용수 또는 배수를 위하여 일정한 형태를 갖춘 인공적인 수로·둑 및 그 부속시설물의 부지 − 제방

④ 고속도로의 휴게소 부지 − 대

⑤ 학교용지 내에 있는 유적·고적·기념물 등을 보호하기 위하여 구획된 토지 − 사적지

49 공간정보의 구축 및 관리 등에 관한 법률상 다음 내용 중 **틀린** 것은?

① 토지의 지상경계는 둑, 담장이나 그 밖에 구획의 목표가 될 만한 구조물 및 경계점표지 등으로 구분한다.

② 토지의 이동에 따라 지상경계를 새로 정한 경우에 지적소관청은 지상경계점등록부를 작성·관리하여야 한다.

③ 지상경계점등록부에는 토지의 소재와 지번, 경계점 좌표(경계점좌표등록부 시행지역에 한정한다), 경계점 위치 설명도 등을 등록한다.

④ 분할에 따른 지상 경계는 지상건축물을 걸리게 결정해서는 아니 된다.

⑤ 「국토의 계획 및 이용에 관한 법률」에 따른 도시·군 관리계획 결정고시와 지형도면의 고시가 된 지역의 도시·군관리계획선에 따라 토지를 분할하는 경우에는 분할에 따른 지상경계를 지상건축물에 걸리게 결정할 수 없다.

50 공간정보의 구축 및 관리 등에 관한 법률상 지상경계의 결정기준에 관한 내용 중 **틀린** 것은? (단, 지상경계의 구획을 형성하는 구조물 등의 소유자가 다른 경우는 제외한다)

① 연접되는 토지 간에 높낮이 차이가 없는 경우에는 그 구조물 등의 중앙에 따른다.

② 연접되는 토지 간에 높낮이 차이가 있는 경우에는 그 구조물 등의 하단부에 따른다.

③ 도로·구거 등의 토지에 절토(땅깎기)된 부분이 있는 경우에는 그 경사면의 상단부에 따른다.

④ 토지가 해면 또는 수면에 접하는 경우에는 최대만조위 또는 최대만수위가 되는 선에 따른다.

⑤ 공유수면매립지의 토지 중 제방 등을 토지에 편입하여 등록하는 경우에는 안쪽 어깨부분에 따른다.

51 지적공부에 등록하는 면적에 관한 설명 중 <u>틀린</u> 것은?

① 경계점좌표등록부에 등록된 토지의 면적이 0.05제곱미터인 경우에는 0.1제곱미터로 등록한다.

② 도면에 등록된 토지의 면적은 좌표면적계산법에 의하고, 경위의측량방법으로 측량된 토지의 면적은 전자면적측정기법에 의한다.

③ 임야도의 축척이 1/6000인 지역의 1필지 면적이 1제곱미터 미만일 때에는 1제곱미터로 한다.

④ 1/600 축척의 지적도에 등록된 토지의 면적이 778.549제곱미터인 경우 토지대장에는 778.5제곱미터로 등록된다.

⑤ 지목변경이나 지적현황측량, 경계복원측량이나 합병은 면적측정을 하는 경우에 해당하지 않는다.

52 세부측량시 필지마다 면적을 측정하여야 하는 경우가 <u>아닌</u> 것은?

① 등록전환을 하는 경우

② 지적공부의 복구를 하는 경우

③ 합병을 하는 경우

④ 축척변경을 하는 경우

⑤ 도시개발사업 등으로 인한 토지의 이동에 따라 토지의 표시를 새로 결정하는 경우

53 토지대장과 임야대장의 등록사항만으로 나열된 것은?

① 소재, 지번, 면적, 토지의 고유번호, 건축물 및 구조물의 위치

② 지목, 면적, 개별공시지가, 토지의 이동사유, 소유권의 지분

③ 소재, 지번, 지목, 면적, 개별공시지가, 토지 등급, 소유자의 성명, 도면의 번호

④ 부호 및 부호도, 토지의 고유번호, 도곽선과 그 수치, 지적도면의 색인도

⑤ 지목, 면적, 토지의 고유번호, 개별공시지가, 좌표, 축척

54 지적공부와 관련된 다음 설명 중 틀린 것은?

① 경계점좌표등록부에서는 소유자를 알 수 없다.

② 토지대장과 임야대장에서는 해당 토지가 등록된 도면의 축척을 알 수 없다.

③ 공유지연명부에서는 대지권의 비율을 알 수 없다.

④ 임야도에 등록되는 토지는 지적도에서는 (산)으로 표기하고 지번이나 지목 등의 정보는 일체 등록하지 않는다.

⑤ 소유자가 여러 명인 토지의 경우 토지대장이나 임야대장에서는 소유권 지분을 알 수 없다.

55 지적공부의 내용 중 틀린 것은?

① 건축물 및 구조물의 위치, 삼각점 및 지적기준점의 위치, 도곽선과 그 수치, 도면의 색인도는 지적도와 임야도의 등록사항이다.

② 경계점좌표등록부를 갖춰 두는 토지는 지적확정측량 또는 축척변경을 위한 측량을 실시하여 경계점을 좌표로 등록한 지역의 토지로 한다.

③ 경계점좌표등록부가 비치되는 지역은 지적도와 토지대장을 함께 비치한다.

④ 지적도의 도곽선은 가로 40cm, 세로 30cm로 하고, 도면의 윗방향은 항상 북쪽으로 한다.

⑤ 경계점좌표등록부를 갖춰두는 지역의 지적도에는 도곽선의 오른쪽 아래 끝에는 '좌표에 의해 측량을 할 수 없음'이라고 적어야 한다.

56 지적공부에 관한 다음의 내용 중에서 틀린 것은?

① 지적소관청은 해당 청사에 지적서고를 설치하고 그 곳에 지적공부(정보처리시스템을 통하여 기록·저장한 경우는 제외한다)를 영구히 보존하여야 한다.

② 지적소관청은 국토교통부장관의 승인을 받은 경우에는 지적공부를 반출할 수 있다.

③ 지적공부를 정보처리시스템을 통하여 기록·저장한 경우 관할 시·도지사, 시장·군수 또는 구청장은 그 지적공부를 지적정보관리체계에 영구히 보존하여야 한다.

④ 국토교통부장관은 지적공부의 효율적인 관리 및 활용을 위하여 지적정보 전담 관리기구를 설치·운영한다.

⑤ 국토교통부장관은 정보처리시스템에 의하여 기록·저장하여야 하는 지적공부가 멸실되거나 훼손될 경우를 대비하여 지적공부를 복제하여 관리하는 시스템을 구축하여야 한다.

57 다음 내용 중 **틀린** 것은?

① 지적공부의 공개신청 – 해당 지적소관청

② 정보처리시스템에 의하여 기록, 저장된 지적공부의 공개신청(지적도·임야도는 제외) – 특별자치시장, 시장·군수 ·구청장이나 읍·면·동의 장

③ 부동산종합공부의 공개신청 – 지적소관청이나 읍·면·동의 장

④ 부동산종합공부를 복제하여 관리하는 정보관리체계 구축 – 국토교통부장관

⑤ 지적공부의 반출사유 – 천재·지변 기타 이에 준하는 재난시

58 지적서고에 관한 내용으로 **틀린** 것은?

① 창문과 출입문은 2중으로 하되, 바깥쪽 문은 반드시 철제로 하고 안쪽 문은 곤충·쥐 등의 침입을 막을 수 있도록 철망 등을 설치하여야 한다.

② 열과 습도의 영향을 받지 아니하도록 내부공간을 넓게 하고 천장을 높게 설치하여야 한다.

③ 온도 및 습도 자동조절장치를 설치하고, 연중 평균온도는 섭씨 25 ± 5도를, 연중평균습도는 65 ± 5퍼센트를 유지하여야 한다.

④ 지적공부 보관상자는 벽으로부터 15센티미터 이상 띄워야 하며, 높이 10센티미터 이상의 깔판 위에 올려놓아야 한다.

⑤ 일람도·지번색인표 및 지적도면은 지번부여지역별로 도면번호순으로 보관하되, 각 장별로 보호대에 넣어야 한다.

59 부동산종합공부에 관한 내용으로 **틀린** 것은?

① 지적소관청은 부동산의 효율적 이용과 부동산과 관련된 정보의 종합적 관리·운영을 위하여 부동산종합공부를 관리·운영하고, 이를 별도로 복제하여 관리하는 정보관리체계를 구축하여야 한다.

② 지적소관청은 부동산종합공부의 정확한 등록 및 관리를 위하여 필요한 경우에는 등록사항을 관리하는 기관의 장에게 관련 자료의 제출을 요구할 수 있다.

③ 이 경우 자료의 제출을 요구받은 기관의 장은 특별한 사정이 없는 한 자료를 제공하여야 한다.

④ 부동산종합공부의 등록사항을 관리하는 기관의 장은 지적소관청에 상시적으로 관련 정보를 제공하여야 한다.

⑤ 토지소유자는 부동산종합공부의 등록사항에 잘못이 있음을 발견하면 등록사항을 관리하는 기관의 장에게 그 정정을 신청할 수 있다.

60 부동산종합공부의 등록사항이 <u>아닌</u> 것은?

① 지적공부에 등록되어 있는 토지의 표시와 소유자

② 건축물대장에 등록되어 있는 건축물의 표시와 소유자(건축물이 있는 경우)

③ 사업계획도에 있는 토지의 이용 및 규제에 관한 사항

④ 「부동산 가격공시에 관한 법률」에 따른 개별공시지가, 개별주택가격 및 공동주택 가격

⑤ 「부동산등기법」 제48조에 따른 부동산의 권리에 관한 사항

61 공간정보의 구축 및 관리 등에 관한 법령상 지적공부의 관리 등에 관한 설명으로 틀린 것은?

① 지적전산자료를 이용하려면 미리 관계 중앙행정기관의 심사를 받아야 하나 중앙 행정기관의 장, 그 소속 기관의 장 또는 지방자치단체의 장이 신청하는 경우에는 그러하지 아니하다.

② 시·도 단위의 지적전산자료를 이용하려는 자는 시·도지사 또는 지적소관청에 게 신청하여야 한다.

③ 시·군·구(자치구가 아닌 구를 포함한다) 단위의 지적전산자료를 이용하려는 자는 지적소관청에게 신청하여야 한다.

④ 토지소유자가 자기 토지에 대한 지적전산자료를 신청하거나, 토지소유자가 사망 하여 그 상속인이 피상속인의 토지에 대한 지적전산자료를 신청하거나, 「개인정 보 보호법」 제2조 제1호에 따른 개인정보를 제외한 지적전산자료를 신청하는 경 우 관계 중앙행정기관의 심사를 받지 아니한다.

⑤ 국토교통부장관은 지적공부를 과세나 부동산정책자료 등으로 활용하기 위하여 주민등록전산자료, 가족관계등록전산자료, 부동산등기전산자료 또는 공시지가전 산자료 등을 관리하는 기관에 그 자료를 요청할 수 있다.

62 지적공부의 복구자료가 <u>아닌</u> 것은?

① 등기사항증명서 등 등기사실증명서류

② 토지이동정리 결의서

③ 측량결과도

④ 지적정보관리체계에서 복제된 지적공부

⑤ 토지이용계획확인서

63 지적공부의 복구에 관한 설명 중 <u>틀린</u> 것은?

① 지적공부를 복구하려는 지적소관청(정보처리시스템을 통하여 기록·저장한 지적공부의 경우에는 시·도지사, 시장·군수 또는 구청장)은 소유자의 신청 여부와 관계없이 지체 없이 복구하여야 한다.

② 복구자료도에 따라 측정한 면적과 지적복구자료조사서의 조사된 면적의 증감이 허용범위 이내이면 조사된 면적을 복구면적으로 결정한다.

③ 복구측량의 결과가 복구자료와 부합하지 않으면 토지소유자 및 이해관계인의 동의를 받아 경계 또는 면적을 조정할 수 있다.

④ 지적공부를 복구한 지적소관청은 시·군·구 게시판 및 인터넷 홈페이지에 15일 이상 게시하여야 하고, 게시기간 내에 이의신청을 할 수 있다.

⑤ 대장은 복구되고 도면이 복구되지 아니한 토지가 축척변경 시행지역이나 도시개발사업 등의 시행지역에 편입된 때에는 도면을 복구하지 아니할 수 있다.

64 토지이동에 관한 다음 설명 중 <u>틀린</u> 것은?

① 소유자의 변경등록은 토지이동이 아니다.

② 신규등록의 경우 토지소유자는 지적소관청이 직접 조사하여 결정한다.

③ 신규등록을 하거나 소유자의 변경등록을 한 경우에는 등기촉탁의 대상이 아니다.

④ 토지소유자는 신규등록할 토지가 있으면 그 사유가 발생한 날부터 60일 이내에 지적소관청에 신규등록을 신청하여야 한다.

⑤ 신규등록을 신청할 때 첨부해야 할 서류를 해당 지적소관청이 관리하는 경우에는 국토교통부장관의 확인으로 그 서류의 제출을 갈음할 수 있다.

65 등록전환에 관한 다음 설명 중 **틀린** 것은?

① 토지소유자는 등록전환할 토지가 있으면 그 사유가 발생한 날부터 60일 이내에 지적소관청에 등록전환을 신청하여야 한다.

② 대부분의 토지가 등록전환되어 나머지 토지를 임야도에 계속 존치하는 것이 불합리한 경우에는 등록전환을 신청하여야 한다.

③ 「건축법」에 따른 건축허가·신고가 된 토지는 90일 이내에 등록전환을 신청하여야 한다.

④ 임야도에 등록된 토지가 사실상 형질변경되었으나 지목변경을 할 수 없는 경우에는 등록전환의 대상토지이다.

⑤ 임야대장의 면적과 등록전환될 면적의 차이가 허용범위 이내인 경우 등록전환될 면적을 등록전환 면적으로 결정하고, 허용범위를 초과하는 경우는 임야대장의 면적 또는 임야도의 경계를 지적소관청이 직권으로 정정하여야 한다.

66 토지이동에 대한 다음 내용 중 **틀린** 것은?

① 「국토의 계획 및 이용에 관한 법률」 등 관계 법령에 따른 토지의 형질변경 등의 공사가 준공된 경우에는 지목변경을 신청할 수 있다.

② 건축물의 용도가 변경된 경우에는 지목변경을 신청할 수 있다.

③ 개발행위허가·농지전용허가·보전산지전용허가 등 지목변경과 관련된 규제를 받지 아니하는 토지의 지목변경신청에는 첨부서류를 제공하여야 한다.

④ 지목변경을 신청할 때 첨부해야 할 서류를 해당 지적소관청이 관리하는 경우에는 지적소관청의 확인으로 그 서류의 제출을 갈음할 수 있다.

⑤ 지목변경은 그 사유가 발생한 날로부터 60일 이내에 신청하여야 하며, 기간 내에 신청하지 아니하여도 과태료 등 벌칙은 없다.

67 **공간정보의 구축 및 관리에 관한 법령상 분할에 관한 다음 설명 중 틀린 것은?**

① 소유권이전, 매매 등을 위하여 필요한 경우 분할을 신청할 수 있다.

② 토지이용상 불합리한 지상 경계를 시정하기 위한 경우 분할을 신청할 수 있다.

③ 지적공부에 등록된 1필지의 일부가 형질변경 등으로 용도가 변경된 경우에는 용도가 변경된 날부터 60일 이내에 지적소관청에 토지의 분할을 신청하여야 한다.

④ 토지를 분할하는 경우에는 새로이 측량하여 경계와 면적을 정하여야 한다.

⑤ 분할 전후 면적의 차이가 허용범위를 초과하는 경우에는 그 오차를 분할 후의 각 필지의 면적에 따라 나누어야 한다.

68 **토지이동에 관한 다음 내용 중 틀린 것은?**

① 합병의 경우 지적측량을 하지 않으므로 면적은 합병 전 토지 면적을 합산하여 결정한다.

② 합병하려는 토지 전부에 대하여 등기사항이 동일한 신탁등기가 있는 경우에는 합병할 수 있다.

③ 합병하려는 토지의 소유자별 공유지분이 다른 경우에는 합병할 수 없다.

④ 합병하려는 토지 전부에 등기원인과 그 연월일, 접수번호가 동일한 저당권이 있는 경우에는 합병할 수 있다.

⑤ 합병하려는 토지에 등기원인과 그 연월일, 접수번호가 동일한 가압류등기가 있는 경우에는 합병할 수 있다.

69 바다로 된 토지의 등록말소에 대한 다음 내용 중 **틀린** 것은?

① 지적소관청은 지적공부에 등록된 토지가 지형의 변화 등으로 바다로 된 경우로서 원상으로 회복될 수 없는 경우에는 지적공부에 등록된 토지소유자에게 지적공부의 등록말소 신청을 하도록 통지하여야 한다.

② 토지소유자는 지적소관청의 통지를 받은 날부터 90일 이내에 지적소관청에 등록말소신청을 하여야 한다.

③ 토지소유자가 통지를 받은 날부터 90일 이내에 등록말소 신청을 하지 아니하면 국토교통부장관이 직권으로 그 지적공부의 등록사항을 말소하여야 한다.

④ 지적소관청은 말소한 토지가 지형의 변화 등으로 다시 토지가 된 경우에는 그 지적측량성과 및 등록말소 당시의 지적공부 등 관계 자료에 따라 토지로 회복등록을 할 수 있다.

⑤ 지적공부의 등록사항을 말소하거나 회복등록하였을 때에는 그 정리 결과를 토지소유자 및 해당 공유수면의 관리청에 통지하여야 한다.

70 축척변경에 관한 다음의 내용 중 **틀린** 것은?

① 축척변경은 작은 축척의 지적도를 큰 축척의 지적도로 변경하는 토지이동이므로 임야도에서는 축척변경을 하지 않는다.

② 하나의 지번부여지역에 서로 다른 축척의 지적도가 있을 때 축척변경을 할 수 있다.

③ 지적소관청이 축척변경을 하려면 축척변경 시행지역의 토지소유자 2분의 1 이상의 동의를 받아 축척변경위원회의 의결을 거친 후 시·도지사 또는 대도시 시장의 승인을 받아야 한다.

④ 지적소관청은 축척변경에 관한 측량을 완료하였을 때에는 시행공고일 현재의 지적공부상의 면적과 측량 후의 면적을 비교하여 그 변동사항을 표시한 축척변경 지번별 조서를 작성하여야 한다.

⑤ 토지소유자가 축척변경을 신청하는 경우에는 토지소유자 2/3이상의 동의서를 제출하여야 한다.

71 축척변경과 관련한 절차에 대한 다음 설명 중 **틀린** 것은?

① 지적소관청은 시·도지사 또는 대도시 시장으로부터 축척변경 승인을 받았을 때에는 지체 없이 20일 이상 공고하여야 한다.

② 축척변경 시행지역의 토지소유자 또는 점유자는 시행공고가 된 날부터 30일 이내에 시행공고일 현재 점유하고 있는 경계에 경계점표지를 설치하여야 한다.

③ 청산금의 수령통지를 한 날부터 6개월 이내에 청산금을 지급하여야 하는데 지급받을 자가 행방불명 등으로 받을 수 없거나 받기를 거부할 때에는 그 청산금을 공탁할 수 있다.

④ 청산금을 산정하기 위한 지번별 제곱미터당 금액은 지적소관청이 시행공고일 현재를 기준으로 조사하여 축척변경위원회에 제출하여야 한다.

⑤ 청산금의 결정공고는 20일 이상 하여야 한다.

72 공간정보의 구축 및 관리에 관한 법령상 축척변경절차에 관한 다음 내용 중 **틀린** 것은?

① 지적소관청은 축척변경 시행지역의 각 필지별 지번·지목·면적·경계 또는 좌표를 새로 정하여야 한다.

② 지적소관청이 축척변경을 위한 측량을 할 때에는 토지소유자 또는 점유자가 설치한 경계점표지를 기준으로 새로운 축척에 따라 면적·경계 또는 좌표를 정하여야 한다.

③ 지적소관청은 축척변경 시행기간 중에는 축척변경 시행지역의 지적공부정리와 경계복원측량(경계점표지의 설치를 위한 경계복원측량은 제외한다)을 축척변경 확정공고일까지 정지하여야 한다. 다만, 축척변경위원회의 의결이 있는 경우에는 그러하지 아니하다.

④ 토지소유자 전원이 청산하지 아니하기로 합의하여 서면으로 제출한 경우에는 증감면적에 대하여 청산하지 아니한다.

⑤ 지적소관청은 청산금을 산정하였을 때에는 청산금 조서(축척변경 지번별 조서에 필지별 청산금 명세를 적은 것을 말한다)를 작성하고, 청산금이 결정되었다는 뜻을 20일 이상 공고하여 일반인이 열람할 수 있게 하여야 한다.

73 축척변경에 관한 다음 내용 중 **틀린** 것은?

① 축척변경에 관한 사항을 심의 · 의결하기 위하여 지적소관청에 축척변경위원회를 둔다.

② 지적소관청은 축척변경 시행지역의 각 필지별 지번 · 지목 · 면적 · 경계 또는 좌표를 새로 정하여야 한다.

③ 지적소관청은 청산금의 결정을 공고한 날부터 20일 이내에 토지소유자에게 청산금의 납부고지 또는 수령통지를 하여야 한다.

④ 청산금의 납부고지를 받은 자는 그 고지를 한 날부터 6개월 이내에 청산금을 지적소관청에 내야 한다.

⑤ 토지소유자 전원이 청산하지 아니하기로 합의하여 서면으로 제출한 경우에는 면적증감에 대하여 청산하지 아니한다.

74 축척변경위원회에 관한 내용 중 **틀린** 것은?

① 축척변경위원회는 5명 이상 10명 이하의 위원으로 구성하되, 위원의 3분의 2 이상을 토지소유자로 하여야 한다.

② 축척변경 시행지역의 토지소유자가 5명 이하일 때에는 토지소유자 전원을 위원으로 위촉하여야 한다.

③ 위원장은 위원 중에서 지적소관청이 지명한다.

④ 위원은 해당 축척변경 시행지역의 토지소유자로서 지역 사정에 정통한 사람 또는 지적에 관하여 전문지식을 가진 사람 중에서 지적소관청이 위촉한다.

⑤ 위원장은 축척변경위원회의 회의를 소집할 때에는 회의일시 · 장소 및 심의안건을 회의 개최 5일 전까지 각 위원에게 서면으로 통지하여야 한다.

75 도시개발사업 등에 따른 토지이동에 관한 설명 중에서 틀린 것은?

① 도시개발사업 등에 따른 토지이동의 신청은 해당 사업시행자나 토지소유자가 하여야 한다.

② 사업의 착수 또는 변경신고가 된 토지소유자가 해당토지의 이동을 원하는 경우 해당 사업시행자에게 그 토지의 이동을 신청하도록 요청하여야 한다.

③ 도시개발사업 등에 따른 토지의 이동은 토지의 형질변경 등의 공사가 준공된 때에 이루어진 것으로 본다.

④ 도시개발사업 등 각종의 토지개발사업의 시행자는 그 사업의 착수·변경 및 완료사실을 사유발생일 부터 15일 이내에 지적소관청에 하여야 한다.

⑤ 도시개발사업 등에 따른 토지의 이동 신청은 그 신청대상지역이 환지를 수반하는 경우에는 사업완료 신고로써 이에 갈음할 수 있다.

76 지적소관청이 등록사항을 직권으로 정정할 수 <u>없는</u> 것은?

① 등기소에서 합필등기신청의 각하통지가 온 경우(지적소관청의 착오로 잘못 합병된 경우)

② 지적공부의 작성 또는 재작성 당시 잘못 정리된 경우

③ 지적공부의 등록사항이 토지이동현황조사계획의 내용과 다르게 정리된 경우

④ 지적도 및 임야도에 등록된 필지가 면적의 증감없이 경계의 위치만 잘못된 경우

⑤ 지적측량적부심사에 대한 지적위원회의 심의·의결에 따른 의결서의 사본을 송부받아 고치는 경우

77 공간정보의 구축 및 관리 등에 관한 법령상 등록사항의 정정에 관한 다음 내용 중 **틀린** 것은?

① 토지소유자는 지적공부의 등록사항에 잘못이 있음을 발견하면 지적측량수행자에게 그 정정을 신청할 수 있다.

② 지적도 및 임야도에 등록된 필지가 경계의 위치가 잘못되어 있더라도 면적의 증감이 있다면 직권으로 정정할 수 없다.

③ 정정으로 인접 토지의 경계가 변경되는 경우에는 인접 토지소유자의 승낙서 또는 이에 대항할 수 있는 확정판결서 정본을 지적소관청에 제출하여야 한다.

④ 경계 또는 면적의 변경을 가져오는 정정 신청을 하는 토지소유자는 등록사항 정정 측량성과도를 지적소관청에 제출하여야 한다.

⑤ 지적공부의 등록사항 중 경계나 면적 등 측량을 수반하는 토지의 표시가 잘못된 경우에는 지적소관청은 그 정정이 완료될 때까지 지적측량을 정지시킬 수 있다.

78 소유자에 관한 다음 내용 중 **틀린** 것은?

① 지적소관청이 토지소유자에 관한 사항을 정리하거나 정정하는 경우에는 등기필증, 등기완료통지서, 등기사항증명서 또는 등기관서에서 제공한 등기전산정보자료에 따라 하여야 한다.

② 소유자의 성명이나 명칭, 주소 또는 주민등록번호 등이 잘못 기록되어 정정할 때 미등기토지인 경우에는 가족관계 기록사항에 관한 증명서에 따라 정정하여야 한다.

③ 지적공부를 복구할 때의 소유자는 부동산등기부를 기초로 하며, 미등기부동산의 소유자를 복구할 때에는 가족관계기록사항에 관한 증명서를 기초로 한다.

④ 등록사항 정정 대상토지에 대한 대장을 열람하게 하거나 등본을 발급하는 때에는 "등록사항 정정 대상토지"라고 적은 부분을 흑백의 반전(反轉)으로 표시하거나 붉은색으로 적어야 한다.

⑤ 등기부에 적혀 있는 토지의 표시가 지적공부와 일치하지 아니하면 소유권정리를 할 수 없다.

79 다음 내용 중 **틀린** 것은?

① 지적소관청이 직권으로 지적공부를 정리한 경우에는 지적정리의 통지를 하여야 한다.

② 신규등록을 한 경우에는 등기촉탁을 하지 아니한다.

③ 지적정리의 통지를 받을 자의 주소나 거소를 알지 못하는 경우에는 일간신문, 해당 시·군·구의 공보 또는 인터넷 홈페이지에 공고하여야 한다.

④ 토지표시에 관한 변경등기가 필요하지 아니한 경우에는 지적공부에 등록한 날부터 15일 이내에 통지하여야 한다.

⑤ 토지표시에 관한 변경등기가 필요한 경우에는 그 등기완료통지서를 접수한 날부터 15일 이내에 토지소유자에게 통지하여야 한다.

80 지적측량에 관한 다음 내용 중 **틀린** 것은?

① 지적측량의 의뢰는 토지소유자나 이해관계인이 지적소관청이나 지적측량수행자에게 의뢰하여야 한다.

② 검사측량과 지적재조사측량은 소유자 등이 의뢰할 수 있는 측량이 아니다.

③ 지적측량수행자가 지적측량 의뢰를 받은 때에는 측량기간, 측량일자 및 측량 수수료 등을 적은 지적측량 수행계획서를 그 다음 날까지 지적소관청에 제출하여야 한다.

④ 제출한 지적측량 수행계획서를 변경한 경우에도 위와 같다.

⑤ 지적측량 의뢰인과 지적측량수행자가 서로 합의하여 따로 기간을 정하는 경우에는 그 기간에 따르되, 전체 기간의 4분의 3은 측량기간으로, 전체 기간의 4분의 1은 측량검사기간으로 본다.

81 다음 내용 중 **틀린** 것은?

① 지적측량수행자가 검사측량을 할 수는 없다.

② 지적현황측량과 경계복원측량은 검사측량의 대상이 아니다.

③ 지적삼각점측량성과와 국토교통부장관이 고시하는 면적 이상의 지적확정측량성과는 국토교통부장관이 검사한다.

④ 지적삼각점측량성과는 시·도지사 또는 대도시 시장에게 열람청구를 하여야 한다.

⑤ 지적삼각보조점측량성과와 지적도근점측량성과는 지적소관청에게 열람청구를 하여야 한다.

82 다음 ( )안에 들어갈 바른 내용은?

> ㉠ 지적측량 적부심사청구를 받은 시·도지사는 ( )일 이내에 지방지적위원회에 회부하여야 한다.
> ㉡ 지적측량 적부심사청구를 회부받은 지방지적위원회는 그 심사청구를 회부받은 날부터 ( )일 이내에 심의·의결하여야 한다.
> ㉢ 부득이한 경우에는 그 심의기간을 해당 지적위원회의 의결을 거쳐 ( )일 이내에서 한 번만 연장할 수 있다.
> ㉣ 지방지적위원회는 지적측량 적부심사를 의결하였으면 위원장과 참석위원 전원이 서명 및 날인한 지적측량 적부심사 의결서를 ( ) 시·도지사에게 송부하여야 한다.
> ㉤ 시·도지사는 지방지적위원회의 의결서를 받은 날부터 ( )일 이내에 지적측량 적부심사 청구인 및 이해관계인에게 그 의결서를 통지하여야 한다.
> ㉥ 지방지적위원회의 의결서를 받은 자가 지방지적위원회의 의결에 불복하는 경우에는 그 의결서를 받은 날부터 ( )일 이내에 국토교통부장관을 거쳐 중앙지적위원회에 재심사를 청구할 수 있다.

① ㉠ 30   ㉡ 60   ㉢ 30   ㉣ 지체 없이   ㉤ 7   ㉥ 90
② ㉠ 30   ㉡ 60   ㉢ 60   ㉣ 15일 이내   ㉤ 10   ㉥ 60
③ ㉠ 60   ㉡ 30   ㉢ 60   ㉣ 지체 없이   ㉤ 7   ㉥ 60
④ ㉠ 20   ㉡ 30   ㉢ 20   ㉣ 지체 없이   ㉤ 5   ㉥ 90
⑤ ㉠ 20   ㉡ 30   ㉢ 15   ㉣ 7일 이내   ㉤ 5   ㉥ 30

83 중앙지적위원회에 관한 다음 내용 중 틀린 것은?

① 중앙지적위원회는 관계인을 출석하게 하여 의견을 들을 수 있으며, 필요하면 현지조사를 할 수 있다.

② 중앙지적위원회가 현지조사를 하려는 경우에는 관계 공무원을 지정하여 현지조사를 하고 그 결과를 보고하게 할 수 있으며, 필요할 때에는 지적측량수행자에게 그 소속 지적기술자를 참여시키도록 요청할 수 있다.

③ 위원장과 부위원장을 포함한 위원의 수는 5명 이상 10명 이하이고, 위원장과 부위원장을 제외한 위원의 임기는 5년이다.

④ 중앙지적위원회의 회의는 재적위원 과반수의 출석으로 개의하고, 출석위원 과반수의 찬성으로 의결한다.

⑤ 위원장이 회의를 소집할 때에는 회의일시와 장소 및 심의 안건을 회의 5일전까지 각 위원에게 서면으로 통지하여야 한다.

84 지적위원회의 설명 중 틀린 것은?

① 지방지적위원회는 지적측량적부심사에 대한 심의·의결과 지적기술자의 양성에 대한 심의·의결을 한다.

② 중앙지적위원회는 지적측량적부심사에 대한 재심사에 대하여 심의·의결을 한다.

③ 중앙지적위원회는 지적 관련 정책 개발 및 업무 개선 등에 관한 사항에 대한 심의·의결을 한다.

④ 중앙지적위원회는 지적측량기술의 연구·개발 및 보급에 관한 사항에 대한 심의·의결을 한다.

⑤ 중앙지적위원회는 지적기술자의 업무정지 처분 및 징계요구에 관한 사항에 대한 심의·의결을 한다.

정답

1	2	3	4	5	6	7	8	9	10
⑤	①	④	⑤	④	④	②	⑤	①	⑤

11	12	13	14	15	16	17	18	19	20
④	⑤	①	⑤	④	②	①	②	④	⑤

21	22	23	24	25	26	27	28	29	30
⑤	④	③	②	③	④	③	④	④	③

31	32	33	34	35	36	37	38	39	40
④	②	④	⑤	①	④	④	③	②	③

41	42	43	44	45	46	47	48	49	50
②	⑤	④	②	④	④	⑤	②	⑤	⑤

51	52	53	54	55	56	57	58	59	60
②	③	③	②	⑤	②	④	③	⑤	③

61	62	63	64	65	66	67	68	69	70
④	⑤	④	⑤	③	③	⑤	⑤	③	③

71	72	73	74	75	76	77	78	79	80
⑤	⑤	④	①	①	③	①	③	④	①

81	82	83	84						
③	①	③	①						

제35회 공인중개사 시험대비 **전면개정판**

2024 박문각 공인중개사
양진영 파이널 패스 100선 2차 부동산공시법령

초판인쇄 | 2024. 8. 1. **초판발행** | 2024. 8. 5. **편저** | 양진영 편저

발행인 | 박 용 **발행처** | (주)박문각출판 **등록** | 2015년 4월 29일 제2019-000137호

주소 | 06654 서울시 서초구 효령로 283 서경 B/D 4층 **팩스** | (02)584-2927

전화 | 교재 주문 (02)6466-7202, 동영상문의 (02)6466-7201

저자와의
협의하에
인지생략

정가 16,000원
ISBN 979-11-7262-159-9